향리를 통해 본
조선시대
지방 통치와 사회

향리를 통해 본
조선시대
지방 통치와 사회

초판 1쇄 인쇄일	2025년 11월 19일
초판 1쇄 발행일	2025년 11월 26일

기 획	한국국학진흥원
지은이	정성학
펴낸이	한선희
펴낸곳	국학자료원 새미(주)
	등록일 2005 03 15 제251002005000008호
	경기도 고양시 덕양구 권율대로 656 원흥동 클래시아 더 퍼스트 1519, 1520호
	Tel 02)442-4623 Fax 02)6499-3082
	www.kookhak.co.kr
	kookhak2010@hanmail.net

ISBN	979-11-6797-269-9 *94910
	979-11-6797-264-4 *94910 (세트)
가격	16,000원

ⓒ 한국국학진흥원 인문융합본부, 문화체육관광부

* 이 책의 한국어판 저작권은 한국국학진흥원과 문화체육관광부에 있습니다. 신저작권법에 의해
  보호받는 저작물이므로 무단 전재와 복제를 금합니다.

* 저자와의 협의하에 인지는 생략합니다.
  국학자료원 · 새미 · 북치는마을 · LIE는 국학자료원 새미(주)의 브랜드입니다.

정성학 지음
한국국학진흥원 기획

향리를 통해 본
조선시대
지방 통치와 사회

국학자료원

◈   책머리에

　한국국학진흥원은 2022년부터 문화체육관광부의 지원 아래 전통생활사총서 사업을 기획하였다. 이 사업은 전통시대 생활문화를 대중에게 널리 알리고자 해마다 20명의 생활사 전문 연구진을 섭외하여 추진해 왔다. 지난해까지 40종의 총서를 대중에게 선보였고, 올해도 다채로운 주제를 담은 20권을 발간하였다.

　한국국학진흥원은 국내에서 가장 많은 67만여 점에 이르는 민간 기록물을 소장하고 있는 기관이다. 대표적인 민간 기록물이라 할 수 있는 일기와 고문서는 당시 사람들의 일상을 세밀하게 이해할 수 있는 생활사의 핵심 자료이다.

　그동안 한국의 역사는 '조선왕조실록'이나 '승정원일기'와 같이 세계적으로 자랑할 만한 국가 기록물의 존재로 인해 중앙을 중심으로 이해되어 온 경향이 있다. 반면 민간의 일상생활에 대한 이해와 연구는 상대적으로 덜 주목받은 것도 사실이다. 다행히 한국국학진흥원은 일찍부터 민간에 소장되어 소실 위기에 처한 자료들을 수집하고 보존 처리하며 관리해 왔다. 나아가 이들 자료를 번역하고 심층 연구하여 대중에 공개했다. 이러한 민간 기록물을 활용하고 일반 대중에게 기여할 수 있는 효과적인 방법으로, '전통시대 생활상'을 생생하게 재현한 대중서로 집필하기에 이르렀다. 이는 일반인이 쉽고 재미있게 읽을 수 있는 전통생활사총서를 간행한 이유이기도 하다.

총서 간행을 위해 일찍부터 생활사의 세부 주제를 발굴하는 전문가 자문회의를 개최하고, 전통 생활문화를 가장 잘 구현할 수 있는 핵심 키워드를 선정하였다. 인간의 생활을 규정하는 보편적 분류인 정치, 경제, 사회, 문화의 큰 틀 아래, 매년 각 분야에서 핵심적이고 흥미로운 키워드를 선정하여 집필 주제를 정했다. 이번 총서의 키워드는 정치는 '지방 수령의 생활', 경제는 '시장 경제와 화폐 유통', 사회는 '질병과 의료', 문화는 '여가생활'이다.

각 분야마다 5명의 전공자로 집필진을 구성하고, 독자들이 어디서나 가볍게 들고 다니며 쉽게 읽을 수 있도록 다양한 사례를 풍부하게 담아달라고 요청하였다. 풍부한 사례 제시와 더불어 전문 연구자의 깊이 있는 시각을 담아 대중성과 전문성을 동시에 담보할 수 있는 것이 본 총서의 매력이다.

전문적인 서술로 대중을 만족시키기는 결코 쉽지 않다. 원고 의뢰 이후 5월과 8월에는 각 분야의 전공자를 토론자로 초청하여 2차례의 포럼을 진행하였고, 11월에는 완성된 초고를 바탕으로 대규모 학술대회를 개최하였다. 포럼과 학술대회를 통해 원고의 방향과 내용이 더욱 견고해지도록 점검하는 시간을 가졌다. 원고 수합 이후에는 각 책마다 전문가 3인의 심사 의견을 받았다. 출판사를 선정하여 수차례의 교정과 교열 작업을 거치며 완성도를 극대화했다. 책이 세상의 빛을 보기까지 꼬박 2년이 걸렸다. 짧다면 짧은 기간이지만, 2년의 응축된 시간 동안 꾸준히 검토 과정을 거쳤고, 토론과 교정을 통해 원고의 완성도를 높이기 위해 분주히 노력했다.

전통생활사총서는 국내에서 간행하는 생활사총서로는 가장 방대한 규모이다. 국내에서 전통생활사를 연구하는 학자 대부분을 포함하였다. 2024년도 한 해의 관계자만 연인원 백 명이 넘는 명실공히 국내 최대 규모의 생활사 프로젝트이다.

1990년대 이후 폭발적으로 증가했던 일상생활사와 미시사 연구에 대한 학계의 관심이 근래 들어 다소 소홀해진 상황이다. 본 총서의 발간이 생활사 연구에 활력을 불어넣는 계기가 되기를 기대한다. 연구의 활성화는 연구자의 양적 증가로 이어지고, 연구의 질적 향상 또한 이끌 것이다. 이는 전통문화에 대한 대중들의 관심 역시 증폭시키는 선순환을 만들어 낼 것이라 고대한다.

본 총서는 한국국학진흥원의 연구 역량을 집적하고 이를 대중에게 소개하기 위해 기획된 대표적인 사업 중 하나이다. 참여 연구자의 대다수가 전통시대 전공자이며 앞으로 수년간 지속적인 간행을 준비하고 있다. 올해에도 20명의 새로운 집필자가 각 어젠다를 중심으로 집필에 들어갔고, 내년에 또 20권의 책이 간행될 예정이다. 앞으로 계획된 총서만 100권에 달하며, 여건이 허락하는 한 이 소중한 작업을 지속할 예정이다.

대규모 생활사총서 사업을 지원해 준 문화체육관광부에 감사하며, 본 기획이 가능하게 된 것은 한국국학진흥원에 자료를 기탁해 준 분들 덕분이다. 다시 한번 깊이 감사드린다. 아울러 총서 간행에 참여한 집필자, 토론자, 자문위원 등 연구자분들께도 진심으로 감사 인사를 전한다. 책의 편집을 책임진 국학자료원에도 고마움을 표한다. 이 모든 과정은 한국국학진흥원 여러 구성원들의 노력이 있었기에 가능했다.

2025년 11월
한국국학진흥원 인문융합본부

차례

책머리에   4

들어가는 말   10

1. 조선의 지방 통치와 향리의 업무   15

조선은 지방을 어떻게 통치했을까?   17
향리는 어떤 일을 했을까?   22

2. 조선시대 향리의 유래와 지위 변화   47

조선시대 향리의 기원,
고려시대 향리는 어떤 자들인가?   49
조선의 개국과 변화된 향리의 위상   55
『묵재일기』에 드러난 조선 전기 향리   62
조선 후기 향리의 역할 증대와 위상 변화   67

3. 조선 후기 향리 직임을 두고 벌어진 치열한 경쟁   71

조선시대 향리 수의 변화   73

오횡묵의 함안군수 부임과 당시 함안의 상황	75
이방 직임을 두고 벌어진 남당과 북당의 갈등	84

4. 향리라는 이름을 잃어버린 향리 후손의 삶   95

향리 선발은 어떻게 이루어졌을까?	97
향리가 되지 못한 향리 후손의 대응	105

5. 개항과 향리 후손의 대응   133

개항 이후 향리 후손의 인상적인 사회 진출	135
조선시대 향리의 특징	141

나오는 말	159
주석	165
참고문헌	181

◆　들어가는 말

 교양 수업 시간 조상의 신분을 조사해 오라는 과제를 제출했던 적이 있었다. 조선시대 신분과 양반에 관한 수업을 진행하기 전 수강생의 관심과 이해를 높이기 위해서였다. 수강생은 부모님과 조부모님을 통해 자신의 가문과 조상을 조사해 왔고, 그 결과는 학기마다 대체로 비슷했다. 놀랍게도 수강생의 70% 정도는 양반 후손이었다. 해방 이후 빠른 산업화의 결과인지 알 수 없지만 20% 정도는 조상의 신분을 '모른다'라고 답했으며, 10% 정도는 농민 후손이라는 답이 나왔다. 한 번도 향리 후손이라는 답은 나오지 않았다.
 간단한 과제였지만 조선시대 신분에 관한 다양한 이야기를 할 수 있는 조사였다. 누구나 훌륭한 조상을 갖고 싶으며, 천한 조상의 신분은 감추고 싶다. 양반의 후손이 압도적인 비중을 차지하고, 노비나 백정 후손은 거의 등장하지 않는 점은 충분히 이해가 된다. 그런데 왜 향리 후손은 없을까? 하물며 향리보다 사회적 지위가 낮았던 농민 후손도 10% 정도 등장했다.
 조선시대 향리는 지방 관청에서 수령을 보좌하며 각종 행정 업무를 수행했던 자들로서 상당한 권한과 권력을 행사했다. 양반보다는 지위가 낮았지만 분명 지방의 지배층에 가까웠다. 그럼에도 수년간 진행한 조사에서 단 한 명의 향리 후손도 나오지 않은 것은 향리에 대한 부정적 이미지가 크게 작용했을 것이다.

향리에 대한 일반 대중의 이미지는 매우 부정적이다. 조선시대 내내 농민은 향리의 불법 수탈로 생활고에 시달렸다고 알려져 있다. 특히 19세기 후반 벌어진 농민항쟁은 향리의 부정행위를 강력하게 비판하며 개혁을 요구했다. 조선이 식민지배를 당한 원인으로 향리의 부정부패를 언급하기도 한다. 부정적인 인상은 뇌리에 강하게 박힌다. 조선시대 향리는 이미 간사하고 교활한 이미지로 굳어졌다.

게다가 향리는 대중의 관심을 받기 힘든 존재다. 우선 향리의 활동무대는 '지방'이었다. 오늘날 대한민국의 모든 것이 서울에 몰려 있듯, 역사에 관한 관심 역시 서울에 집중되어 있다. 서울에는 우선 조선시대의 중심이라 할 수 있는 왕이 있다. 또 조선의 정치를 좌지우지했던 고위 관료가 생활했던 곳이다. 권력을 중심으로 벌어지는 치열한 암투도 모두 서울에서 벌어졌다. 반면 지방에는 우리의 눈길을 확 사로잡을 무언가가 상대적으로 부족하다. 게다가 지방에서도 향리는 주인공이 아니었다. 조선시대는 양반이 지배계층으로 사회 구조와 문화에 큰 영향을 미쳤다. 우리가 존경하는 조선시대 위인은 대부분 양반이다. 지폐의 주인공인 퇴계 이황, 율곡 이이도 당연히 양반이다.

이처럼 향리는 대중의 부정적인 시선에 더해 무관심 대상이 되어 그들의 역할과 특징에 대해 이해를 하려는 시도마저 사라진 상태다. 이런 인식을 친구와 대화에서 몇 번 경험해 보았다.

가끔 친구들이 무엇을 공부하냐고 질문할 때가 있다. 한국사를 고등학교 이후로 거의 접할 일이 없던 친구들은 '한국사 전공자'란 사람이 도대체 무엇을 공부하는지 궁금했던 것 같다. 이런 질문을 받으면 속으로 적잖이 긴장하기 시작한다. 어색한 상황이 펼쳐질 확률이 높기 때문이다. 사실대로 조선시대 향리를 공부한다고 하면 그것이 무엇이냐는 질문과 함께 내심 실망한 기색을 비친다. 그들이 나에게 기대한 답은 조선의 건국이나 임진왜란과 같은 커다란 사건이나, 정조나 이순신과 같이 사극에 자주 등장하는 인물이다. 친구들은 콘텐츠에서 접한 역사에 대해 전공자와 이야기 나눌 기회를 얻길 바랐던 것 같다. 그러나 내가 공부한 조선시대 향리는 그들이 크게 관심이 없는 분야이며, 부정적인 대상이었다. 그들이 기억과 다른 향리의 역할이나 특징에 관해 설명해도 별 반응이 없다. 친구의 질문에 긴장한 이유가 바로 이것이다. 결국, 쥐꼬리 수염의 간사한 향리를 대강 설명하고 대화 주제를 바꿔야만 했다.

역사에서 선과 악을 구분하는 것은 상당히 흥미로운 작업이다. 그러나 그것에 매몰되어서는 역사상을 단순화시키고 만다. 향리 연구를 통해 다양한 역사상을 그릴 수 있다. 먼저 향리를 통해 조선이 추구했던 지방 통치의 특징과 의미를 살필 수 있다. 조선은 행정 구역을 정비하여 전국을 8도로 나누고 그 아래 330여 개 군현을 두었다. 모든 군현에 임금의 명을 받은 수령을 파견해 전 영토를 통치했다. 조선은 전 지역을 임금의 통치하에 두려고 했다. 임금은 수령을 파견해 지방 통치의 전반을 위임하였고, 수령은 향리를 부려 실무를 처리했다. 향리는 이러한 공적 통치의 끝에 있었다. 끝에 있다고 그 중요도가 낮았던 것은 아니었다. 향리는 국가와 백성을 이어주는 실질적인 매개체 역할을 했다. 백성 시각에서 보았을 때 국가의 지방 통치는 향리를 통해 실질적으로 실현되었다고 해도 과언이 아니다.

또 향리를 통해 조선 사회의 지방 권력의 특징과 계층 상승 욕을 엿볼 수 있다. 향리를 흔히 중인中人이라고 한다. 조선시대 각 계층의 위상을 수직적으로 나열한다면 중간 정도에 위치한다는 의미이다. 향리보다 위에는 왕족, 관료, 양반 등이 있고, 아래에는 일반 양인과 노비가 있었다. 중간에 있는 향리는 위로 올라가기도 상대적으로 유리했으며, 아래로 떨어질 가능성도 큰 존재였다. 즉 향리는 계층 상승의 기회도, 하락의 위기도 더 빈번하게 존재했다.

만약 우리가 가지고 있는 향리에 대한 고정관념을 버리고 이들의 역할과 지향을 조망한다면, 조선시대의 다양한 면모를 바라볼 기회가 생긴다. 이런 맥락에서 이 책은 국가의 행정 실무자로서의 향리, 지위 유지를 위해 치열하게 경쟁했던 향리를 소개하고자 한다. 이를 통해 오늘날 한국 사회의 여러 특징을 이해하는 데 도움이 되기를 기대한다.

1
조선의 지방 통치와 향리의 업무

조선은 지방을 어떻게 통치했을까?

 동서고금을 막론하고 통치자가 영토의 모든 지역을 직접 다스릴 수 없다. 그래서 정부는 효율적인 통치를 위해 영토를 구분하고, 그 지역을 통치하는 기관과 관료를 두어 국가를 운영한다. 2024년 기준으로 정부는 대한민국을 서울특별시, 세종특별자치시, 광역시 6개, 특별자치도 2개, 도 7개로 행정적으로 나누어 두었다. 그 아래 600개가 넘는 시, 군, 읍, 면이 존재한다. 그리고 구분해 둔 행정구역마다 기관을 설치하고 그 기관의 장을 투표로 선출한다. 예를 들어 도에는 도청을 설치하고 도지사, 시에는 시청을 두어 시장, 군에는 군청에 군수를 선출해 그 지역의 통치를 위임한다. 또 각 기관의 책임자 아래 여러 부서를 만들고 공무원을 배치해 각 기관의 업무를 수행한다.
 조선의 기본 운영 구조 역시 오늘날과 크게 다르지 않았다. 조선 개국 직후인 1413년(태종 13)에 전국을 8도로 나누고 유도부留都府 1개, 부 6개, 대도호부 5개, 목 20개, 도호부 74개, 군 73개, 현 154개로 조직되었다. 이 체제는 시간이 지나며 다소 변경이 있었으나, 큰 틀은 조선 후기까지 유지되었다. 조선 정부는 이들 기관에 관료를 파견했고 그들을 지방관, 수령 등으로 불렀다. 오늘날 시장, 군수에 해당하는 조선시대 수령은 그 임무가 막중했다. 수령은 세금, 법률, 구휼 등 백성과 밀접하게 연관되어 있어, 그들의 인품이나 능력에 따라 백성의 삶이 좌우되었다. 따라서 조선시대 수령을 '한 고을의 주인[一邑之主]'[1]이라고 부르기도, '백성을 기르는 관리'[2]라는 의미인 목민관牧民官이라고도 불렀다. 수령의 역할이 이렇게 중요하기에 국가는 특별히 학문과 덕망을 갖춘 자를 선발하려고 노력했다.

수령은 군현을 다스리는데 절대적인 존재였다. 그러나 아무리 작은 마을이라 할지라도 국가에서 파견한 수령이 모든 업무를 처리할 수는 없었다. 수령의 지방 통치를 돕기 위해 향청鄕廳, 장청將廳, 작청作廳과 같은 관청을 설치해 두었다. 향청은 수령의 자문기관이었다. 주로 지역의 명문 양반이 향청에 참여하며 좌수, 별감 등의 직임으로 구성되었다. 장청은 무인武人의 관청으로 치안과 방위를 담당했던 군사 기관이었다. 작청은 향리가 근무했으며 지방 행정 실무를 담당했다.

세 관청은 지방 통치의 주요 업무를 담당했기 때문에 조선시대 관아 지도에도 등장한다. 아래 〈그림 1〉은 1872년(고종 8) 작성된 남원의 읍치 지도이며[3], 〈그림 2〉는 1872년(고종 9) 작성된 나주 관아 지도이다.[4] 두 지도를 보았을 때 눈길을 끄는 것은 바로 관청을 둘러싸고 있는 성의 존재이다. 일반적으로 성이라고 하면 산 정상에 건설된 산성山城을 떠올린다. 조선시대에는 산에도 성을 지었지만 관청 외곽에도 성을 쌓았다. 남원과 나주 지도에서 확인되는 성은 바로 관청을 지키기 위해 만들어졌고, 이런 성을 읍성邑城이라고 불렀다. 읍성을 짓고 동서남북에 문을 만들어 그곳을 통해 출입했다. 자연스레 성안을 왕래하는 백성은 문을 통해야만 했다. 성을 출입하는 많은 사람이 대문을 통해 왕래했기 때문에 큰 상권이 형성되기도 했다. 오늘날 서울의 동대문 시장이나 남대문 시장, 대구의 동성로, 북성로와 같은 번화가의 역사는 조선시대부터 이어진 것이다. 이처럼 읍성은 일제강점기 이후 대부분 철거되어 사라졌지만, 지명으로 그 흔적을 남기고 있다. 아무튼 조선시대 관청은 성으로 보호받았고, 그 내부 공간을 읍치, 읍내 등의 이름으로 불렀다.

다시 남원의 관아로 돌아와 주요 관청 건물을 살펴보자. 오른쪽 상단에 향청, 오른쪽 하단에 장청과 작청이 눈에 띈다. 그 외에도 수령의 생활공간인 관사官舍, 손님이 방문했을 때 묵는 객사客舍, 시장[場市] 등이 눈에 들어온다.

나주 관아의 모습도 남원과 크게 다르지 않다. 서북쪽에서부터 향청, 이청吏廳, 장청이 보인다. 이청은 작청의 또 다른 이름이다. 이처럼 조선시대 많은 지방 관아에 향청, 장청, 작청이 설치되어 수령의 통치를 도왔다.

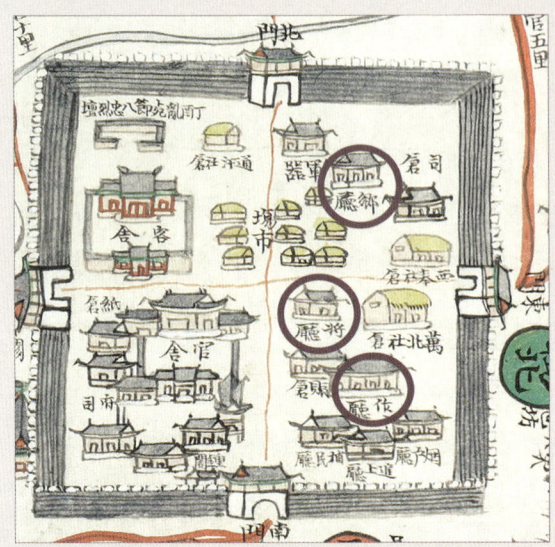

그림 1
남원부 관아 지도,
서울대학교 규장각한국학연구원
소장

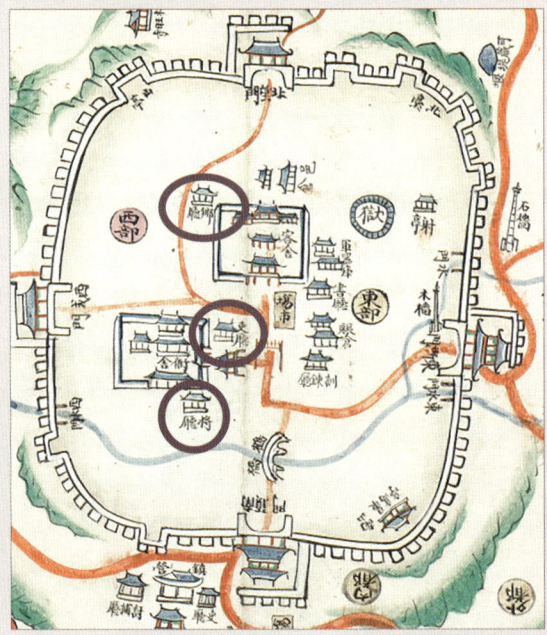

그림 2
나주 관아 지도,
서울대학교 규장각한국학연구원
소장

이 중 우리가 살펴볼 향리는 국가의 지방 통치기구인 감영, 지방 관아 등의 작청에서 행정 실무를 담당했던 자들이다. 향리가 근무했던 관청을 흔히 인리청人吏廳, 이청吏廳 혹은 작청이라고 불렀다. 향리의 근무처를 작청이라고 부른 것은 여러 가지 사무가 일어나는 [作] 관청이기 때문이다.[5] 이처럼 향리는 여러 가지 사무가 일어나는 관청에서 그 업무를 담당했다.

향리는 어떤 일을 했을까?

첫 번째, 읍지에 규정된 향리의 업무

일반적으로 지방관청에서 행정 실무를 담당했던 자들을 향리라고 부른다. 향리 외에도 아전衙前, 서리胥吏, 이서吏胥, 인리人吏 등 다양한 이름이 존재했다. 『조선왕조실록』에도 이들을 다양하게 불렀고, 향리도 자신을 향손鄕孫, 혹은 향리鄕吏 등 다양하게 표현했다. 다만 『조선왕조실록』에 향리라는 표현이 가장 빈번하게 등장하며, 학계에서도 주로 향리라는 단어를 사용하므로 이 책에서도 향리로 이들의 대표 단어로 사용하고자 한다.

작청의 가장 높은 직책을 맡은 사람을 공형公兄이라 불렀다. 공형은 주로 호장과 이방을 지칭하며, 지역에 따라 장교 혹은 수형리를 추가해 삼공형三公兄이라 부르기도 했다. 공형은 작청의 상급자로서 전반적인 업무를 담당했다. 또 작청에는 여섯 개의 부서가 있었다. 이 구성은 조정을 본뜬 것이다. 조선시대에는 경복궁 정문인 광화문에서 남쪽으로 뻗은 길을 육조거리라고 불렀다. 국가의 핵심 정무를 수행하는 육조六曹가 그곳에 있었기 때문이다. 조선은 이조, 호조, 예조, 병조, 형조, 공조로 구성된 육조를 만들어 업무를 분담했다. 작청도 이방吏房, 호방戶房, 예방禮房, 병방兵房, 형방刑房, 공방

그림 3
서울 육조거리 모형, 서울역사박물관 소장

工房으로 구성된 육방六房을 두었다.

  조선시대 향리의 업무를 파악하기 위해선 공형과 육방이 각각 어떤 업무를 수행했는지 알아보는 것이 필수적이다. 이들의 업무를 기록해 둔 대표적인 자료가 바로 『읍지邑誌』이다. 『읍지』란 조선시대 각 읍에서 해당 지역의 정보를 기술한 책이다. 지역에 따라 차이가 있지만 대체로 지역의 역사, 토지, 성씨, 인구, 산업 등을 기록해두었다. 신임 수령이 읍지를 통해 그 지역의 대략적인 정보를 파악하기도 했다. 몇몇 『읍지』에서는 해당 지역의 향리가 어떤 일을 수행했는지 기록해 두었다. 1899년 간행된 『호남읍지湖南邑誌』 구례求禮에 기록된 향리의 직임과 업무를 살펴보자.

> 호장: 공형으로서 민가를 총괄하여 살피고, 관노비가 잘 관리되고 있는지 담당하는 자
> 이방: 공형으로서 읍사를 총괄하여 살피고, 인리·통인·사령을 관리하는 자
> 호방: 호구 총수와 농사, 누에치기, 둑을 관리하는 자
> 예방: 제사 용품과 학교를 총괄하여 살피고 여러 진상 물품의 담당자
> 병방: 여러 군사 용품의 담당자
> 형방: 민사의 소송, 형벌 기구, 죄수의 관리자
> 공방: 관청에서 사용하는 물건과 종이의 질을 살피고 정비하는 자[6]

『호남읍지』에는 호장과 육방의 임무를 기록해 두었다. 호장은 말 그대로 호戶의 장(우두머리)이다. 이들은 공형으로서 민가를 총괄하여 살피고, 관의 주요 재산인 관노비를 관리하는 업무를 맡았다. 이

방 역시 공형으로서 관청에서 일어나는 전반적인 일(읍사)을 살피며, 인리·통인·사령과 같은 하층 향리를 관리했다. 호방이 담당했던 호구 총수는 해당 마을에 거주하는 집[戶]과 인구[口]를 파악하는 것이다. 조선 정부는 각 마을에 몇 호가 사는지, 사람이 얼마나 사는지 등을 조사해 호적을 만들었다. 호적을 기반으로 세금을 징수했다. 그 외에도 생산량에 직결되는 농업용수와 관련된 제방, 의복과 관련된 누에치기를 관리했다. 병방은 군대와 관련된 업무를 수행했다. 형방은 법과 처벌에 관련된 일을 담당했다. 공방은 관청에서 사용되는 여러 물품의 관리를 맡았다. 공방이 관리한 물품 중 대표적인 것이 종이였다. 조선

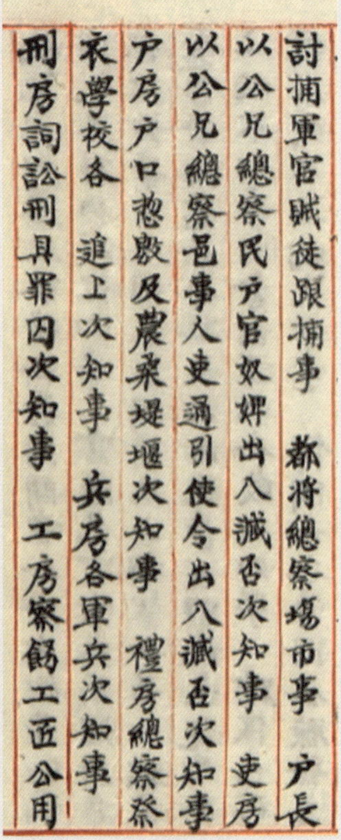
討捕軍官賊徒跟捕事 都將總察場市事 戶長
以公兄總察民戶官奴婢出入減否次知事 吏房
以公兄總察邑事人吏通引使令出入減否次知事
戶房戶口摠數及農桑堤堰次知事 禮房總察祭
衣學校各 進上次知事 兵房各軍兵次知事
刑房詞訟刑具罪囚次知事 工房察飭工匠公用

그림 4

『호남읍지』,
서울대학교 규장각한국학연구원 소장

시대에는 종이가 귀했으며, 질도 천차만별이었다. 질이 가장 좋은 종이는 주로 임금에게 바치는 문서에 사용되었다. 이처럼 육방은 지방 관청의 핵심 임무를 수행했다. 향리 직임은 공형과 육방만 존재한 것은 아니었다. 그 외에도 주요 업무는 부서를 만들어 색色이라는 이름을 붙여두었다. 색은 오늘날 담당이라는 의미이다. 예를 들어 아래 나오는 '창색'은 창고 담당으로 이해하면 된다.

승발: 여러 관청에 보낼 관關, 감결甘結 담당자

민고색: 민고의 여러 비용 담당자

대동색: 대동미조 돈과 포목의 상납 담당자

도서원: 전답의 결총과 여러 세금을 걷는 일의 담당자

전세색: 세금으로 걷은 쌀과 콩의 상납 담당자

창색: 환곡과 군향으로 걷은 곡식 담당자

포보색: 포군의 보인에게 걷은 세금의 상납 담당자

전관색: 공문서 발송 담당자

속오색: 속오군, 아병군 담당자[7]

공형과 육방 외에도 다양한 직임이 있다. 편의상 크게 두 업무로 분류해 보고자 한다. 우선 문서의 작성과 전송을 담당한 승발·전관색과, 세금을 담당했던 민고색·대동색·도서원·전세색·창색·포보색·전관색·속오색이 있다.

우선 문서와 관련된 승발과 전관색을 알아보자. 오늘날에도 어떤 업무를 처리할 때 관련 부서에 공문을 보내는 일이 빈번하다. 조선시대에도 업무와 관련해 지방 관아끼리 많은 편지와 지시문을 주고받았다. 승발이라는 직임을 맡은 향리는 관청의 문서 작성을 담당했다. 이런 공문을 조선시대에는 관문關文 혹은 감결甘結이라 불렀다. 전관색은 공문의 전송을 담당했다. 마우스 클릭 한 번에 손쉽게 문서를 보낼 수 있는 오늘날과 달리 조선시대는 공노비나 관원이 직접 가서 문서를 전달해야만 했다. 공문서를 작성하는 것만큼 보내는 것도 중요했기에 승발과 전관색이라는 직임을 만들어 두었다.

그림 5
「조선시대 관문」, 국립중앙박물관 소장, e뮤지엄에서 전재

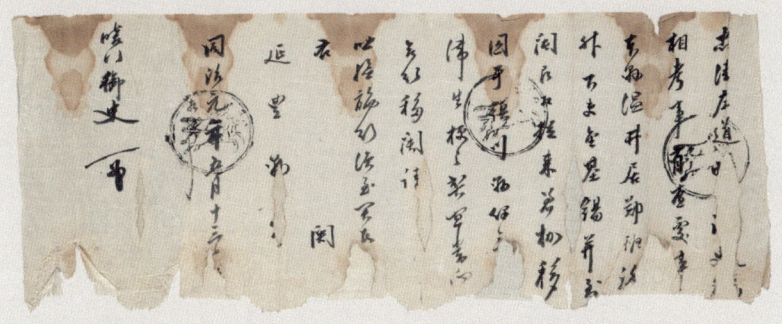

1. 조선의 지방 통치와 향리의 업무   27

다음은 세금과 관련된 업무이다. 오늘날 우리에게는 '소득 있는 곳에 세금이 있다.'라는 말이 있을 정도로 대부분 거래나 물품에 세금이 부과된다. 조선도 다양한 물품에 세금을 매겼다. 세금 담당 직무를 이해하기 위해서는 조선시대 부세 제도를 이해해야 하며 그 시작은 세금을 어디에 부과했느냐에서 시작된다. 전근대 국가인 조선은 어떤 곳에 세금을 매겼을까. 조선은 토지, 사람, 집(호)에 세금을 매겼다. 이것을 흔히 조용조 체제라고 부른다. 오늘날처럼 모든 소득을 일일이 추적할 수 없기에 국가에서 그나마 파악하기 쉬운 토지, 사람, 집을 세금 수취대상으로 삼은 것이다.

우선 토지를 가진 자에게 부과한 세금을 전세라 불렀다. 주로 토지의 생산물을 세금으로 걷었기 때문에 토지소유자는 쌀이나 보리와 같은 곡물을 납부했다. 사람에게도 세금을 부과했다. 성인 양인 남성은 군역을 수행해야 했으며, 백성의 노동력을 무상으로 징발하기도 했다. 또 집을 기준으로 지역 토산물을 바치는 세금도 존재했다. 이처럼 조선시대는 토지, 사람, 집을 핵심 수취대상으로 설정해 세금을 걷었다. 그러나 조선시대 500년을 거치며 폐단이 생기면 개혁을 하고, 필요한 비용이 있으면 새로운 세금을 신설하기도 했다.

민고색은 민고民庫라 불리는 재정 기구의 재원을 마련하는 임무를 담당했다. 민고는 조선시대 지방 관청의 잡다한 업무의 비용을 마련하기 위해 설치된 기구이다. 관청의 건물을 보수하거나, 여름에 홍수가 나 끊어진 다리를 보수한다는 것은 모두 잡다한 일에 해당한다. 이런 노동력이 필요한 일뿐만 아니라 감사와 수령을 보내고 맞이하는 데 드는 비용, 사신 접대에도 지방관청은 돈이 필요하다. 민고색은 이러한 관청의 잡다한 일에 필요한 비용을 마련하고 그 돈을 관리했다.

대동색은 대동법으로 걷는 세금을 담당했다. 조선 전기 집에 부과된 세금은 지방 특산물이었다. 그러나 여러 폐단이 가중되며 17세기 대동법이 시행되었다. 대동법이 시행되며 지방 군현의 호에 부과된 세금을 지방 특산물이 아닌 쌀이나 포목(삼베, 무명을 일컫는 말)으로 걷었다. 대동大同이란 말은 '모두가 다 같다'는 의미이다. 대동법 시행 전 특산물을 세금으로 바칠 때는 지역에 따라 생선, 호랑이 가죽, 과일 등 세금의 품목이 다양했다. 그러나 대동법의 시행 이후 대부분 쌀이나 포목으로 세금을 납부했기 때문에 이 정책을 '대동법'이라 불렀다. 대동색은 바로 대동법 관련 세금을 수취했던 향리이다.

전세색은 토지에 부과된 세금인 전세를 걷는 자들이다. 창색은 환곡과 군향으로 걷은 곡식을 관리하던 창고 담당자라고 볼 수 있다. 환곡은 지방 정부가 굶주린 백성을 위해 만든 구휼 제도였다.

관청은 곡식이 부족한 봄에 백성에게 곡식을 빌려주고 가을 추수 이후 그것을 돌려받았다. 그러나 조선 후기 제도가 변모하여 환곡은 구휼의 기능은 거의 사라지고 지방 관청의 운영자금 확보를 위한 부세 제도로 바뀌게 된다. 군향이란 군량미를 의미한다. 환곡과 군향으로 거두어들인 창고를 관리하는 것이 창색의 역할이었다. 19세기 환곡은 여러 폐단이 터져나오며 백성의 원망을 받았다. 그러나 폐단이 터져나오기 전까지는 백성을 구제하는 소중한 제도였다. 양반도 봄에 환곡을 받아 생활할 정도였다.

포보색은 군역과 관련된 세금을 관리했다. 조선시대 16세 이상 60세 미만의 양인 남자에게는 군역이 부과되었었다. 그러나 모든 성인 남성이 직접 군대에서 복무하지는 않았다. 모든 양인을 군대로 징집하면 농사를 지을 노동력이 턱없이 부족해질 뿐만 아니라 운영비도 엄청난 비용이 소모되기 때문이다. 조선은 군역 대상자 네 사람 중 한 사람만 군대에 징집해 복무시키고, 나머지 세 사람은 쌀이나 베로 군역을 대신했다. 쌀이나 베로 군역을 대신했던 사람을 보인이라고 불렀다. 포보색은 포병 보인이 낸 세금을 서울로 보내는 업무를 담당했다.

속오색은 속오군, 아병군을 담당했다. 속오군이란 조선 후기 지방의 방어를 목적으로 편성된 부대이며, 아병은 대장이 있는 곳에 세워진 대장기[牙旗] 아래 집결한 병사였다. 군대를 모으고 훈련하는 것에는 많은 행정 절차와 비용이 필요하다. 우선 훈련 집결 통보를 해야 하며, 먹이고 재워야 한다. 속오색은 이러한 지방 군대의 운영을 관리했다.

전북 임실에도 향리의 직무를 기록해 둔 자료가 남아있다. 그 자료는 『임실군사례정록任實郡事例定錄』[8]이라는 전라북도 임실의 『읍지』이다. 임실 읍지에 기록된 향리의 업무를 살펴보자.

> 호장: 지역 내 호전을 걷고 상납하고, 땔나무, 횃불, 숯, 볏짚 등의 가격을 정해 관노의 우두머리로 하여금 걷고 납부하는 일의 담당자. 관노, 관비, 교노, 교비 관리
> 이방: 결세전을 상납하고 각 부서에 임무를 부여하고 모두 주관해 거행. 마을에서의 모든 업무를 점검하고 단속하여 시행함. 인리, 사령, 통인 관리
> 호방: 강수량과 농사를 주관하여 관리하며, 논밭과 호구도 같이 담당
> 예방: 관에서 하는 제사, 손님 방문, 그리고 재앙과 상서를 주관하고 거행함. 교임·재임과 각 면의 훈장을 추천에 따라 (수령에게) 보고하여 임명하고, 예절과 의식

에 관련된 모든 일을 점검하고 단속

병방: 상납하는 여러 문서와 역둔토를 관리하며, 군역을 지는 자에 관련된 일을 모두 관리

형방: 송사, 형옥, 크고 작은 금지된 사항을 주관하여 거행하며, 돈 30냥을 경비에 따라 장인에게 지급하고 형벌을 집행하는 기구를 구매함

공방: 오원烏院·갈담葛潭·운암雲岩 세 지역의 도로, 다리를 사람을 차출해 관리하며 감독[9]

  임실군에도 호장과 이방의 업무를 기술한 다음 육방의 임무를 기재해 두었다. 호장의 업무는 각 집마다 부여된 세금을 걷고 관노로 하여금 상납하게 하였다. 또 호장은 관아와 향교 소속 노비를 관리했다. 이방은 토지에 부과된 세금인 결세를 걷어 상납하고 각 관아에 업무를 분담하고 관리하는 일을 했다. 호장과 이방 모두 관아에서 일어나는 일을 총괄하는 존재였다. 차이가 있다면 호장이 노비를 관장했다면, 이방은 향리를 관리했다. 호방은 농사와 관련된 일을 주로 수행했다. 예방은 제사, 손님 대접 그리고 교육의 역할을 담당하는 훈장을 선출했다. 예절과 의식에 관련된 모든 일도 담당했다. 병방은 군역자의 관리와 더불어 문서와 역둔토도 관리했다.

역둔토란 교통의 요지에 설치된 역의 운영 경비로 사용되는 토지이다. 공방은 임실 세 지역의 도로와 교량을 관리했다.

『읍지』를 통해 살펴본 두 지역 향리의 업무는 완전히 일치하지는 않는다. 지역의 상황과 관행에 따라 업무가 조금씩은 달라질 수밖에 없다. 그러나 두 지역 모두 호장과 이방이 공형으로서 마을에서 일어나는 일을 전반적으로 관리했고, 여러 부서를 만들어 각자의 임무를 수행하는 형태로 구성되었다. 또 향리가 지방 관청의 주요 업무인 군사, 부세, 행정의 대부분 일을 수행한 점도 같았다.

두 번째, 일기 속 향리의 업무

이제 실제 향리의 업무가 어떤 식으로 진행되었는지 조선시대 작성된 일기를 통해 한 번 알아보자. 우리가 살펴볼 일기는 바로 조선 전기 이문건李文楗이라는 사람이 작성한 『묵재일기默齋日記』이다. 이문건은 1535년에 태어나 1567년에 생을 마감한 조선 전기 문신이다. 일기의 제목에 나오는 '묵재'는 그의 호號이다. 그는 조광조의 문하에서 학업을 닦고 1528년 별시 문과에 합격하여 관직 생활을 시작했다. 관직은 승정원주서承政院注書, 승문원박사承文院博士를 거쳐 사간원정언司諫院正言, 이조좌랑吏曹佐郎에 이르렀다. 중종의 국상國喪을 맞아 빈전도감집례관殯殿都監執禮官의 직책을 맡아 장례를 관장하기도 했다. 순탄할 것만 같던 이문건의 관직 생활은 그의 조카 이휘李輝가 을사사화에 연좌되며 고난이 시작되었다. 이휘는 결국 사형을 당했고, 이문건도 경상북도 성주로 유배 보내졌다. 그는 성주에서 23년간 유배 생활하다 생을 마쳤다. 현존하는『묵재일기』는 이문건이 41세 때인 1535년 11월부터 74세로 사망하기 몇 달 전인 1567년 2월까지 약 33년 동안의 기록이다. 일기 대부분은 성주에서의 유배지에서 작성되어 16세기 지방 생활을 생생하게 엿볼 수 있다. 향리와의 만남도 자세히 기록해 두었다.

유배형은 먼 지방으로 보내져 그 지역에 격리되는 무거운 형벌이었다. 주로 관료나 양반에게 부여된 벌로 많은 사람이 죄를 지어 유배 갔다. 그들은 죄인 신분이지만, 유배지에서는 그들을 죄인 취급하지 않았다. 이문건도 유배지에서 오히려 융숭한 대접을 받았다. 이문건은 중앙에서 고위직을 역임했으며, 언제 유배에서 풀려나 정계로 복귀할지 모르기 때문이다. 또 이문건과 친분이 있는 양반과의 네트워크도 무시할 수 없었다. 성주에 부임한 수령들 대부분도 선배 관료인 이문건의 부탁을 들어주고, 술도 같이 마시며 우호적인 관계를 유지했다. 당연히 지방 관아에서 근무하는 향리도 이문건을 깍듯이 모셨다.

먼저 호장과 이문건의 만남을 살펴보자. 앞서 살펴본 대로 호장

그림 6
〈정배가는 죄인〉,
국립민속박물관 소장

의 대표적인 임무는 마을의 장으로서 백성을 살피는 것이다. 이문건과 같은 전직 고위 인사는 호장이 특별히 살펴야만 했다. 이문건은 유배지에서 관의 곡식과 주변인의 선물로 생계를 유지했다. 아래의 일기 기록과 같이 성주의 수령은 호장을 시켜 직접 이문건을 챙기게 했고 또 부탁도 들어주었다. 호장은 신임 수령의 도착과 같은 고급 정보도 공유한다.

1. 조선의 지방 통치와 향리의 업무   35

① 공수公需 호장이 목사의 명으로 와서 백미 6말, 차미次米 6말 등을 주었다.¹⁰

② 울타리 밖 마을에 유행병에 전염된 자가 있는데, 괴롭고 아파 사흘 만에 그 아내도 달아나 버렸다 하니 불쌍하다. 수령에게 설명하고 옮겨서 내보내 줄 방도가 없겠는지 청하자, 상호장上戶長을 시켜 마땅히 막사를 만들어 옮기게 하겠다고 와서 말했다.¹¹

③ 호장과 이방 등이 와서 알현했는데, 명절이기 때문이다.¹²

④ 호장이 와서 신임 판관이 11일에 서울을 떠나 22일에 성주에 도착한다는 소식을 보여주었으며, 신임 목사는 내일 상경한다고 했다.¹³

또 다른 호장의 임무는 관노비와 관속을 관리하고 관아의 전반적인 운영을 담당하는 것이었다. 관비를 시켜 이문건의 물 긷는 것을 도와주기도 했다(⑤). 또 목사가 관청의 잡물을 호장과 이방으로 하여금 조사하게 했으며(⑥), 역 차정에도 관여했다(⑦).

⑤ 호장이 관비를 보내 물 긷는 것을 도와주었다.¹⁴

⑥ 인동仁同 현감 김난종金蘭宗과 황기로黃耆老가 찾아와서는

성주 관아에서 술과 고기를 빌려와 나를 대접했다. 술을 모두 마시고 파했다. 난종蘭宗은 자字가 백윤伯胤인데 신용관申用灌의 외손이라고 하며, 쌀·콩太·청주와 탁주·서과西瓜·계란 등의 식품을 보내고는 갔다. 판관이 인동 현감과 함께 오려고 했는데, 마침 목사가 이방과 호장으로 하여금 관청의 잡물을 조사하게 하여 결국 오지 못했다고 한다.[15]

㉠ 보며普旀의 옹장甕匠이 실이實伊라는 이름의 역을 수행하지 않던 자를 데리고 와서 두고 가면서 말하기를, "팔거八莒의 호장이 함부로 잡아다가 입역立役하게 했다고 하니 관속官屬에서 벗어났으면 합니다."라고 했다.[16]

이방 역시 공형의 하나이며 지방 행정에서 큰 역할을 담당했다. 『묵재일기』에 등장하는 이방도 군현민의 역을 분담하는 일과 관련되어 있었다. 조선시대 모든 양인은 국가에 요역을 부과할 의무가 있었다. 요역이란 백성의 노동력을 수취하는 세금 제도이다. 지방 관청은 일손이 필요할 때 백성을 불러 충당했다. 당연히 편한 업무도, 힘든 업무도 있었다. 성주 백성들은 이문건에게 여러 가지 부탁을 했고, 이문건은 그들의 부탁을 담당 향리에게 전했다. ㉮ 사례에서 몽손은 사찰에서 겉보리 타작의 역을 꺼려 이문건에게 청탁했다. 이문건은 이방에게 말을 전해 그의 요청을 들어준다. ㉯에서도 역군차사가 병이 났으니 다른 사람을 교체해 달라는 이야기를 듣고 이방에게 말을 전달한다. 이처럼 이문건이 성주에 머무르는 동안 거의 매일 사람이 찾아와 이런저런 부탁을 했다. 당연히 빈손으로 오지 않았다. ㉰의 사례처럼 문어를 선물하며 부탁을 한다. 조선 시대에는 이처럼 선물을 주고받는 것이 일상이었다. 이러한 사회를 선물경제 체제라 부른다. 오늘날 시장에서 필요한 물건을 구매하는 시장경제와는 완전 다른 세상이었다.

㉮ 몽손蒙孫이 와서 말하기를, "사찰의 겉보리 타작에 차출되었는데, (차라리) 매를 맞고 차정되지 않도록 이방에게 말을 넣어주시기를 청합니다."라고 했다. 마침 강계동姜季同이 지나가다 왔기에 그로 하여금 말을 전하게 했더니, 다시 차정하겠다고 했다.[17]

㉯ 이득전李得荃이 편지를 보내 말하기를, "역군차사役軍差使가 병으로 드러누웠으니 다른 차사로 교체하여 보내도록 힘써야 할 것입니다."라고 했다. 심부름꾼을 보내 이방에게 말하여 다른 사람으로 바꿔 정하여 보내게 하고,

또 새해 달력 1본本을 보냈다.[18]

㉤ 여안呂安이 그의 역에서 제외되었다 한다. 소지所志를 올려 바꿔줄 것을 청하자 다른 사람으로 바꿔서 정했다고 하는데, 두리頭吏·이방 등이 이를 막았다 한다.[19]

㉥ 이옥천李玉千이 왔기에 관아에 정장呈狀을 하라고 일러주었다. 목사의 분부에는 군軍에 부치라고 했으나 이방이 그것을 막았다고 한다.[20]

㉦ 보명普明이 말한 박말질손朴末叱孫이 다시 장인에 속하게 하는 일을 이방에게 묻도록 했더니, 군적軍籍을 만들 때 착오가 있어서 나장羅匠에 이미 올려버려서 고칠 수 없다고 한다.[21]

㉧ 김오을미金吾乙未가 와서 문어를 주며, 이방에게 일러 그 아들을 나장羅將으로 차정하지 말게 해달라고 청했다. 끝내 따르지 않았다.[22]

㉨ 이민즙李敏楫이 편지로 문안했다. 양설경梁雪京이 오히려 수차지囚次知 된 일에 대해 이방으로 하여금 알아보게 하니 이미 사장안沙將案에서 말소되고 장안匠案에 들어가게 되었다고 한다.[23]

『읍지』에 나타난 호방의 업무는 농사와 호구를 관리하는 것이었다. 『묵재일기』에 등장하는 호방은 『읍지』에 나온 호방 업무와는 약간 달랐다. 일기에 등장하는 호방은 주로 군현의 재정과 관련된 업무를 담당했다. Ⓐ 사례도 세금과 관련된 업무로 추정된다. 호방이 비단 걷는 일을 맡았는데, 옥석이 비단값을 내지 않으려고 거짓으로 민원서를 제출한 듯하다. Ⓑ도 세금과 관련된 업무에 호방이 등장한다. 권자효는 무명을 호방에게 바쳤다. Ⓒ 사례에서는 김세소와 겹성이 낸 종잇값에 대해 호방이 영수증을 만들어주기도 한다. 진휼 업무 역시 관청의 재정과 관련된 업무인데 호방이 관장하고 있다(Ⓓ).

    Ⓐ 성주의 호방이 옥석玉石의 민원서를 가지고 와서 비단값을 다 거뒀는지 아닌지를 물었는데, 노奴로 하여금 설명하여 보내게 했다. 대개 옥석이 남은 수량을 바치지 않으려고 함부로 민원서를 올린 것이다.[24]

    Ⓑ 권자효權子效가 호방에게 무명 1필을 바쳤다.[25]

    Ⓒ 김세소金世紹의 종잇값 1필, 겹성刼成의 종잇값 2필을 자공子公이 받아서 바쳤더니, 호방이 영수증을 내주었다 한다.[26]

    Ⓓ 김세소金世紹 씨가 진휼을 청하는 문서를 보내어 목사에

게 들여보내 달라고 하기에, 그 노奴를 시켜 호방에 바로
전하게 했다.27

『묵재일기』에 등장한 예방은 제사 의례 등과 관련된 업무를 수행
하였다. 조선시대 제사와 의례는 매우 중요한 행사였다. ㉠의 사례
에서 예방은 이문건의 제사에 물품을 부조한다. 이문건은 예방이
방문한 다음 날 6대 조부모, 7대 조부모의 축문을 적고 제사를 지냈
다. 또 왕세자 상복과 같은 민감하고 복잡한 문제에 관한 규정도 예
방이 알려준다(㉡). 예방은 조선시대 교육 기관인 향교의 관리자였
다. 향교의 동몽안을 예방이 관리하는 모습이 보인다(㉢). 동몽안
은 향교에서 공부하는 어린 학생의 명단을 의미한다. 동몽안에 들
어간 사람은 군역에서 제외되었다.

㉠ 관청의 예방 이치李穉가 와서 무덤에서 지낼 제사에 필요
한 물품을 묻기에 네 분의 제사를 지낸다고 말했다.28

㉡ 목사의 시중을 드는 사람이 와서 왕세자 상복에 대한 일
을 물었다. 예방 도인都仁이 따라와서 규정을 보여주었
다. 경외관京外官은 소복素服에 검은 모자烏帽를 쓰고 각
대角帶에 생마포生麻布를 더해 둘렀다가 7일 후에 벗는다.

5일 동안 조시朝市를 정지하고, 한 달 동안 음악을 중단하고 도살을 금지한다고 한다.[29]

ⓒ 김시우金時遇가 보러 와서 자신의 아들이 역役이 없으니 동몽안童蒙案에 넣어주길 원한다고 했다. 예방에게 물어보고 다시 말하라고 했더니, 바로 갔다.[30]

병방에서는 군역과 관련된 일을 주로 담당했다. ⓐ 기사처럼 지휘관을 수행할 수 있게 해달라는 부탁이나, ⓑ 서울에서 복무하기 싫어하는 김세소에게 역에서 빠지는 방법을 모두 병방에게 문의한다. 병방이 속여서 징수한 무명 역시 군역과 관련된 세금으로 추측된다(ⓒ). 또 군대에 사용할 말도 병방에서 담당했음을 알 수 있다(ⓓ). 『묵재일기』에는 유달리 병방과 관련된 기사가 자주 등장한다. 병방과 관련된 일기는 대부분 이문건에게 군역을 경감시켜달라는 청탁이었다. 오늘날에도 국방의 의무가 쉽지 않아 관련 비리가 자주 등장하는데, 조선시대에도 크게 다르지 않았다.

ⓐ 가리현加利縣에 사는 상喪 중에 있는 도세수都世綏가 생밤과 우는 닭을 보냈다. 밤만 받아두고 닭은 돌려보냈는데, 닭들이 마구 싸워댔기 때문이다. 지휘관 후보에 들었다

는 소식이 있다며 청하려고 왔다기에. 바로 사람을 보내 병방 서리에게 말을 전했다.[31]

ⓑ 화원花園의 김세소金世紹 어른이 와서, 다음 달에 서울에 복무하러 올라올 것을 독촉하는데 병을 핑계로 빠지고자 하니 병방에게 말 좀 잘해달라고 했다. 병방에게 바로 말했더니 아프다는 소지所志를 올리면 된다고 했다.[32]

ⓒ 권예손權禮孫의 아들이 와서 말하기를, "병방이 세금으로 바치는 무명을 속여서 징수했으니, 판관에게 정지시키도록 말해 주십시오."라고 했다. 청원서를 써서 가져오게 했다.[33]

ⓓ 어제 이학례李鶴禮가 와서 말하기를, "성주 관아에서 종자마種子馬를 뽑는데, 내 말은 별 볼 일 없는데도 병방이 마음대로 하여 뒤로 물리지 않았습니다."라고 했다. 자공子公을 시켜 그만두게 듣지 않았다.[34]

ⓔ 수일守一이 와서 명장命長이 병방兵房으로 승군僧軍을 색출하는 것을 바꾸도록 목사에게 말해달라고 했는데, 이득될 것이 없어서 알리지 않았다.[35]

형방은 법을 집행했다. ㉠과 ㉢에서 확인할 수 있듯이 죄를 지은

자를 잡아들이고 처벌에도 관여했다. ㈢을 통해 형방이 수감된 죄수도 관리했음을 알 수 있다.

㈠ 안봉사 승僧이 와서 말하기를, "밤이 되자 군인軍人이 절을 둘러싸더니 삼보 성전性田과 상좌上佐를 포박하여 왔습니다."라고 했다. 형방에게 물어보게 했는데, 송사호宋師顥 등 10여 인이 13일에 절에 올라가 두부를 만들어 먹다가 삼보에게 욕을 당하자 관에 소장訴狀을 올렸기 때문에 붙잡아왔다 한다. 바로 목사에게 편지를 써서 속히 풀어줄 것을 청하고, 또 무뢰배들이 폐단을 일으키는 다양한 형상을 말해주었다.[36]

㈡ 안봉사安峯寺 승이 시장에 왔다가 내게 와서 알리기를, "어떤 사람이 막아서서 술과 참깨를 빼앗으니 걱정됩니다."라고 한다. 필이必伊로 하여금 가서 해결하여 돌려주도록 했더니 그 사람이 땅에다 다 흩어버리고 승을 계속 때렸다. 관청에 잡아 들이도록 관官에 말했더니 그 사람이 필이가 차고 있던 칼을 뽑아 가슴을 마구 그어대면서 자기를 죽이라고 했다 한다. 사람들이 모여들자 그만 그치게 하고, 겨우 그 칼을 빼앗았다고 한다. 바로 목사

에게 가서 알리게 했는데, 목사가 관청에서 근무를 마쳐 보고하지 못했다고 한다. 그 정황을 간단히 편지로 써서 자공子公을 보내 목사에게 알렸다. 목사는 바로 형방 백추白秋로 하여금 차인差人 2명을 거느리고 가서 잡아 형틀을 씌어 옥에 가두게 했다 한다. 풀어주면 혹 도망가서 다스리지 못할까 봐 염려되어 이렇게 한 것이다.³⁷

㈢ 인동仁同 현감 김난종金蘭宗으로 하여금 담당 옥리獄吏·형방刑房·삼공형三公兄을 모두 추고하게 했는데, 사형수를 엄격히 지키지 못한 죄를 물었다.³⁸

마지막은 공방이다. 공방은 관의 물건을 관리했다. 조선시대에는 귀했던 종이를 공방이 보내주었고((ㄱ)), 세금으로 추정되는 가늘고 고운 무명도 공방에 내는 모습을 볼 수 있다. 신주함, 명기明器, 만사와 같은 제사에 사용되는 물품도 공방에서 제작했다. 명기는 죽은 사람의 내세를 위해 무덤에 함께 물었던 그릇이다.

(ㄱ) 성주의 공방이 책 만들 종이 30첩을 보냈는데 필시 판관이 주었을 것이다.³⁹

(ㄴ) 김세소金世紹 씨가 들러 지금 화원으로 출발한다고 하면

서, 토지세인 작은 노루 가죽의 값을 가늠고 고운 무명 1필을 자공子公에게 주어 성주星州의 공방 도향리都鄕吏에게 납부하게 하고 받아온 확인서를 가져왔다.[40]

(ㄷ) 이득전李得全이 왔기에, 신주 함과 명기明器를 공방에서 가져다주었다.[41]

(ㄹ) 성주 관아의 공방에게 종이를 주어 만사挽詞를 만들게 했다.[42]

지금까지 『읍지』와 조선시대 『묵재일기』 자료를 등장하는 향리와 그들의 업무에 대해 살펴보았다. 향리는 지방 관아에서 벌어지는 거의 모든 업무를 주관하고 담당했다. 조선시대 사람들도 국가와 떨어질 수 없었다. 세금도 항상 내야 했으며, 억울한 일을 당했을 때도 관청을 찾아갔다. 이문건 역시 유배 생활을 하며 필요한 많은 것을 향리를 통해 해결했다. 이처럼 지방 관아에서 향리의 업무는 다양했고 또 중요했다.

2
조선시대 향리의 유래와 지위 변화

조선시대 향리의 기원, 고려시대 향리는 어떤 자들인가?

조선시대 향리는 오늘날 공무원과 비슷한 업무를 수행했다. 오늘날 공무원은 시험을 통해 선발되며 그 인기도 꽤 높다. 그렇다면 조선시대에는 향리를 어떻게 선발했을까? 또 향리가 되고자 하는 사람은 많았을까? 이런 궁금증을 해결하기 위해 조선시대 향리의 역사와 그들의 사회적 지위의 변화를 알아보자.

향리는 이전 왕조인 고려시대 때 만들어졌다. 고려시대의 향리와 조선시대 향리는 명칭은 같지만, 성격은 조금 달랐다. 고려 정부는 영토의 모든 지역에 지방관을 파견하지 못했다. 대도시나 주요 지역에만 외관外官이라는 지방관을 파견했는데 이것은 고려가 지방통치에 있어 완전한 중앙집권화를 이룩하지 못했음을 의미한다.[43] 중앙집권적 지방 통치란 행정과 정치가 모두 중앙 정부에 집중되어 있는 방식을 의미한다. 고려는 영토의 모든 군현에 지방관을 파견하지 못했고, 지방관이 파견되지 않는 지역에서는 그곳의 유력자가 자의적으로 그곳을 통치했다. 이런 상황을 우리에게 흔히 알려진 태조 왕건의 일화에서 엿볼 수 있다.

왕건에게 29명의 부인이 있었다는 사실은 널리 알려져 있다. 왕건이 29명의 부인을 두었던 가장 큰 이유는 바로 지방의 유력 세력을 포섭하기 위해서였다. 신라는 삼국통일 전쟁에서 승리하고 한반도 대부분 지역을 차지했다. 그러나 신라 정부의 영향력이 영토 구석구석 미쳤다고 볼 수는 없다. 당시 행정력으로는 수도인 경주에서 멀리 떨어진 지역이나 토착 세력이 강한 곳에는 국가의 영향력을 행사하기 어려웠다. 게다가 삼국통일 후 얼마 지나지 않아 신라 내부 문제로 정치가 크게 혼란스러워지며 통치력이 약해졌다. 국가의 통치력이 약한 틈을 타지방의 유력자들이 자신의 세력을 키워나갔다. 우리는 그들을 호족豪族이라 부른다. 고려의 태조 왕건 역시 송악의 호족 출신이다. 왕건이 후삼국 통일 전쟁에서 승리하기 위해서는 지방 호족과 우호적인 관계를 유지해야만 했다. 지방의 호족과 동맹을 굳건히 하기 위해 시행한 대표적인 정책이 바로 혼인이었다. 왕건과 결혼한 여성은 대부분 지방 호족의 딸이었음을 쉽게 짐작할 수 있다. 결과적으로 왕건은 29명의 부인을 갖게 되었다.

왕건이 지방 호적 세력과의 결속을 강화하기 위해 시행한 또 다른 정책은 지방 유력자에게 성과 본관을 하사하는 것이었다. 대표적인 인물이 바로 안동 권씨의 시조인 권행權倖이다. 권행은 930년 왕건이 후백제 왕 견훤과 전투를 벌일 당시 고창古昌의 수령이었다. 권행이 수령으로 있었던 고창은 오늘날 전라북도의 고창과는 다른 곳으로, 안동의 옛 이름이다. 권행은 왕건을 도와 후백제를 격퇴하는데 큰 공을 세웠고, 고창은 안동부로 승격되었다. 훗날 왕건은 권행에게 '능히 기미幾微에 밝고 권도權道에 통달하다[44]'라며 '권權'이라는 성을, 권행이 살고 있던 안동을 따서 안동이라는 본관을 하사했다. 이처럼 왕건은 즉위 이후 고려를 건립하는데 큰 공을 세운 호족에게 성과 본관을 하사했다. 성과 본관을 가지는 것은 지방 호족에게는 크나큰 영광이었다. 신라시대만 하더라도 극소수의 귀족과 왕족만 성을 사용할 수 있었기 때문이다. 왕건도 성이 없다가 고려 개국 후 왕王이라는 성을 사용하게 되었다. 왕건의 아버지와 조부의 이름은 용건龍建, 작제건作帝建으로 알려졌다.

왕건은 후삼국 통일 전쟁을 치르며 지방의 유력자를 포섭하기 위해 큰 노력을 기울였다. 고려가 개국 된 뒤에도 호족 세력을 탄압할 수만은 없었기 때문에 그들의 지방 통치를 묵인했다. 이처럼 고려 초기 중앙집권적 지방 통치는 요원한 일이었다. 고려 정부가 본격적으로 지방 통치를 강화하기 시작한 것은 개국 60년이 지난 성종 2년(983)에 들어오고부터이다. 성종은 전국을 광주·양주·충주·청주·공주·진주·상주·전주·나주·승주·황주·해주에 12주를 설치했다. 12주를 설치하여 영토를 12개의 행정구역으로 나누었고, 비로소 12주에 중앙에서 지방관을 파견했다. 이어 성종 14년(995)에 당시의 실정을 반영하여 수도인 개주開州를 개성부로 개정하고, 도를 10개 신설했으며, 종래의 12주에 목사를 파견하는 것도 12군 절도사제로 개편했다. 이것은 몇 차례 개정을 거쳐 현종 9년(1018)에 이르러 4개의 도호都護·8개의 목牧·56개의 지주군사知州郡事·28개의 진장鎭將·20개의 현령縣令이 되었다.

그러나 이런 개혁에도 불구하고 중앙집권적 지방 통치와는 거리가 멀었다. 여전히 지방관이 파견되지 않은 지역이 많았기 때문이다. 지방관이 파견되지 않는 지역을 속현이라 불렀다. 형식적으로는 지방관이 파견된 주현을 통하여 인근 속현을 간접 통치하는 방식을 택하고 있었지만, 실제적으로는 호족의 후손인 향리가 더 큰 영향력을 행사했다. 한 지역에 세거하며 큰 부와 권력을 가진 향리는 지방관의 빈자리를 대신했다.

고려시대 지방의 유력자로서 한 지역을 통치한 자들을 향리라고 불렀다. 향리라는 단어의 뜻을 풀이해 보자면 향鄕은 지방, 시골이라는 뜻이고 리吏는 벼슬아치, 관리, 다스린다는 의미이다. 글자 그대로 풀이하면 지방의 관리 정도로 번역할 수 있다. 고려는 지방의 모든 지역을 지방관의 통제하에 둘 수 없었기 때문에 향리의 힘을 빌려야만 했다.

고려 정부는 이들을 완전히 배제하고 국가를 통치할 수 없었다.

그렇다고 국가의 공인을 받지 않은 향리에게 무한한 권한을 줄 수도 없었다. 따라서 정부는 향리에게 때로는 당근을, 때로는 채찍을 주며 관리했다. 고려가 지방의 향리에게 준 대표적인 채찍은 기인 제도와 사심관 제도이다. 기인 제도는 바로 향리의 자식을 서울에 머무르게 하는 것이었다.[45] 겉으로는 향리의 자식으로 하여금 문서를 기록하고 출신 고을의 일을 묻기 위해 기인을 선발한다고 했으나, 실상은 볼모로 두어 지방의 반란을 억제하려 했음을 알 수 있다. 사심관 제도는 중앙의 관리가 된 자를 자신의 출신 지역의 사심관으로 삼는 것이다. 그에게 출신 지역의 향리를 임명할 권리를 부여하고, 그곳에서 일어나는 모든 사건의 책임을 지게 하는 제도이다. 이 제도는 935년 고려에 항복한 신라의 마지막 왕인 경순왕(김부)을 경주의 사심관으로 삼은 데에서 시작되었다.[46] 사심관 제도 역시 지방 향리를 견제하고 혹시 모를 반란을 방어하기 위한 정책이었다.

이렇게 향리 세력을 견제하기도 했지만, 그들에게 당근도 줬다. 고려 정부는 향리에게 향직鄕職을 부여했다. 향직이란 관인이 아닌 사람에게 부여하는 명예 칭호였다. 지방의 향리는 국가의 공식 관직이 아니었지만, 향직이란 직임을 부여하고 토지가 지급되는 등 경제적 혜택까지 주어졌다. 또 고려 정부는 향공鄕貢 제도를 시행하기도 했다. 고려시대 초시初試인 국자감시에는 응시 자격이 필요했다. 국자감시에 응시할 자격을 갖춘 여러 집단 가운데 하나가 향공이었다. 고려시대 지방관인 계수관界首官을 파견하여 향리의 자제 중 경서, 효제, 의술이 뛰어난 자를 선발해 계수관시界首官試를 치르게 한 것이다. 이 계수관시에 합격한 자를 바로 향공이라고 칭했으며, 그들은 국자감시에 응시할 자격을 갖게 되었다.[47]

조선의 개국과 변화된 향리의 위상

고려시대 지방의 많은 지역은 향리의 관리 아래 있었다. 그러나 이러한 상황은 1392년 조선이 개국 되며 크게 변화되었다. 조선은 개국 후 중앙집권적 지방 지배 정책을 시행했기 때문이다. 조선은 전국을 330여 개 군현으로 나누어 모든 군현에 지방관을 파견했다. 조선은 임금의 명을 받아 파견된 지방관이 해당 지역의 행정, 부세, 군사 등 모든 통치 업무를 직접 관장하길 원했다. 이 과정에서 가장 큰 걸림돌이 바로 고려시대 이후 지방에서 강력한 영향력을 행사했던 향리였다. 그렇다고 정부에서 향리를 완전히 배제하고 지방을 통치할 수는 없었다. 향리는 오랜 기간 그 지역에 거주해 지역의 사정을 잘 알고 있었기 때문이다. 향리로서도 중앙에서 파견된 지방관에게 순순히 기득권을 내놓을 이유가 없었다.

조선 초 정부는 수령의 권한을 높이고, 향리의 지위를 떨어뜨리는 여러 정책을 시행했다. 먼저 세종 2년(1420) 부민고소금지법部民告訴禁止法을 시행했다.[48] 향리나 일반 백성이 수령에 대한 반역죄와 불법 살인죄에 대한 고소는 허용하되, 그 밖의 사안에 대해 수령 고소를 허용하지 않았다. 또 무고誣告가 밝혀지면 고소자를 처벌한다는 것이 주요 내용이다. 수령은 부임 지역에 대한 정보가 많이 없었으며, 초임의 경우 실무 경험을 갖추지 못했다. 처음 가는 지역에 단신으로 부임해서 통치를 잘하기 쉽지 않다. 많은 수령이 향리와 지방의 유력자에게 휘둘렸다. 이런 상황을 개선하고자 부민고소금지법의 시행을 통해 수령을 보호했다.

세종 11년(1429) 정부는 원악향리처벌법元惡鄕吏處罰法도 시행했다.[49] 그 법은 지방의 향리 중 가난한 백성을 괴롭힌 향리를 죄의 경중에 따라 곤장을 치거나, 살던 지역에서 강제 이주를 집행하는 것이었다. 특히 그들이 세거했던 지역을 떠나게 하는 것은 매우 강한 형벌이었다. 향리가 세거하고 있던 지역은 바로 그들의 기반이었기 때문이다.

마지막으로 향리에게 봉급 형식으로 지급되던 토지를 회수했다. 오늘날 '국가의 녹을 먹는다'라는 표현이 있는데, 이 말은 공무원이 국가나 정부에서 지급하는 급여를 받으며 일하는 것을 의미한다. 즉 국가를 위해 일하는 관료의 증표는 국가로부터 받는 녹봉이다. 고려시대 향리는 외역전外役田이라는 토지(녹봉)를 받는 관료였다. 조선이 개국 된 직후에도 향리에게 외역전이 지급되었으나 세종 27년(1445) 군역자와의 형평성을 들어 폐지된다. 군역에 종사하는 자들에게 토지를 지급하지 않는데 향리만 차별 대우할 수 없다는 이유였다.[50] 향리에게 지급되던 토지가 폐지된 이후에 아무런 대가를 지급하지 않았다. 향리는 직을 수행하던 관료에서, 국역을 수행하는 자로 지위가 변모된다. 오늘날로 비유하자면 고려시대 향리는 지방을 통치한 시장이라면, 조선시대 향리는 시청에서 국방의 의무를 수행하는 사회복무요원과 그 지위가 유사하다. 당연히 조선 개국 후 지방 통치에서 향리가 차지하는 비중은 점차 낮아졌다.

이쯤 되면 조선이 향리라는 존재를 없애지 않은 이유에 대해 궁금할 수 있다. 조선이 추구하는 중앙집권적 지방 통치에서 향리는 걸림돌일 뿐 아니라 그들의 부정행위로 많은 문제를 초래했기 때문이다. 조선은 향리를 대신할 관리를 선발해 지방을 통치하는 것은 불가능했을까? 솔직하게 답을 하자면 불가능했다. 우선 조선이 향리 제도를 없애고 관리 선발을 할 만큼 국가의 재정이 크지 않았으며, 행정력도 갖추지 못했다. 더 거대한 통치 운영 기구와 자금이 있어야만 했다. 조선은 그 비용을 일반 양인에게 부여되는 의무(역)로 메꾸며 통치 시스템을 간략히 했다. 그러나 조선은 세계적으로 보았을 때 상당히 근대적인 지방 지배를 추구했다. 동시기 유럽의 많은 국가와 중국에서는 봉건제를 통해 지방을 지배했다. 중국의 천자, 유럽의 왕이 각각 제후와 영주를 임명하면 그들이 그 지역의 모든 통치 행위를 수행했고, 대를 이어 관할 지역을 통치했다. 봉건제에 비하면 조선의 지방 통치는 훨씬 중앙집권적인 형태에 가까웠다.

조선시대 양반의 등장과 더불어 향리의 사회적 지위는 더욱 하락했다. 그런데 재밌는 사실은 조선시대 양반과 향리의 뿌리가 같다는 점이다. 앞서 언급한 대로 고려시대 향리는 지방의 유력자였다. 조선이 개국 되고 과거를 통해 많은 관료가 선발되었다. 이들 중 성리학적 소양을 통해 유교의 이상 정치 실현을 위해 노력했던 세력을 사림파士林派라 불렀다. 사림파 대부분은 지방 출신 선비였다. 이들을 지방의 가난한 농부 출신이라 생각해선 곤란하다. 과거 공부에는 많은 돈과 시간이 필요하다. 사림파 중 일부는 지방에서 권력과 부를 가지고 있던 향리 후손이었다. 과거에 합격한 향리 후손은 서울로 올라가 관직 생활을 하며 서울에 정착하기도 했지만, 그들 중 일부는 서울을 떠나 고향으로 돌아왔다. 조선 전기에는 특히 정치 사건이 많았다. 사림파가 공격당했던 사화士禍나 계유정난癸酉靖難과 같은 정변이 터지기도 했다. 의리와 명분을 중요시했던 사림파는 이런 사건을 계기로 관직에서 물러나 서울을 떠나 자신의 고향, 부인의 고향, 혹은 외가로 돌아왔다. 지방에 정착한 뒤 그 지역에서 강한 영향력을 행사했다. 이들을 지방에 거주하는 사족이라는 의미로 재지사족在地士族이라 불렀다. 조선 초기 재지사족과 향리는 서로를 차별하지 않았다. 그때까지는 같은 조상의 후손이라는 동족의식이 남아있었기 때문이다. 이것은 조선 전기 작성된 향안鄕案을 통해 확인할 수 있다.

향안이란 조선시대 유향소留鄕所를 운영하는 자들의 이름을 기록해 둔 책이다. 유향소는 향촌에 머무르는 양반이 모여 만든 기구다. 앞서 살펴본 대로 조선은 향리의 힘을 억제하고 수령의 권한을 키우는 여러 정책을 시행했다. 향리의 위상이 상대적으로 낮아졌지만, 여전히 큰 영향력을 행사했다. 지방으로 돌아온 관료는 향리로부터 향촌의 주도권을 빼앗기 위해 자발적으로 유향소를 만들어 운영했다.

시간이 지나며 향안은 지역 사족 명단으로 바뀌었다. 향안에 이름을 올려야만 양반으로 인정받을 수 있었다. 당연히 까다로운 조건을 통과해야 했다. 향안에 기록되기 위해서 가장 중요한 조건은 조상의 신분이었다. 한 개인의 부계는 물론, 어머니와 아내의 가문도 철저히 확인했다. 현존하는 가장 오래된 향안은 1530년 안동에서 작성된 『가정경인좌목嘉靖庚寅座目』이다.

> 향안 완의에 비록 명문거족이라도 삼참三參에 하나라도 흠이 있으면 거론될 수 없으나, 향리의 증손과 사위, 외손은 구애받지 않고 허록한다.[51]
>
> 가정嘉靖 경인년庚寅年(1530)의 향안을 살펴보면 향리의 증손, 사위, 외손이 함께 기록되어 있다.[52]

삼참이란 아버지, 어머니, 아내의 가계를 의미하는데 향리 후손이라는 점은 문제가 되지 않았다. 16세기 초까지는 향리의 후손도 향안에 이름을 올리는데 아무런 문제가 없음을 알 수 있다. 그러나 시간이 지나며 향리 후손은 향안에 이름을 올리는 것이 어려워졌다. 사림파가 중앙에서 권력을 차지하고, 지방의 재지사족은 양반으로서 사회적 위상이 굳건해졌기 때문이다. 반면 향리는 양반과 비교하면 지위가 떨어졌다. 시간이 지나며 향리와 양반은 점차 동류의식은 점점 약해져 갔다. 그 결과 향리 후손이라는 이력은 향안에 이름을 올리는 것에 치명적인 결함이 되기 시작했다.

가정향안으로부터 불과 60여 년 지난 1589년(선조 22) 작성된 『만력향록萬曆鄕錄』에 이름을 올릴 수 있는 조건은 매우 까다로워진다. 양반 가문이라 할지라도 조상이나 본인의 이력에 흠이 있으면 조건을 통과하지 못했고, 서얼과 향리에 관한 규정도 추가되었다. 『만력향록』에 추가된 향리 후손에 관련된 규정은 다음과 같다.

> 향리와 관련된 가계는 반드시 4·5대를 양반과 결혼한 뒤에 이름 올리는 것을 허락한다. 향리의 직계는 신분 세탁 후 역시 4·5대를 양반과 결혼한 뒤에 이름 올리는 것을 허락한다.[53]

16세기 초반에는 향리 후손도 큰 문제 없이 유향소의 임원이 될 수 있었다. 그러나 16세기 후반 이후 향리 후손은 점점 유향소의 임원이 되기 어려워졌다. 이처럼 조선이 개국된 뒤 향리는 향촌 사회에서 양반에 비해 지위가 낮아졌다. 향리가 수행하는 역을 점차 천한 일이라고 인식하기도 했다.

  조선 전기 향리가 비록 양반보다 사회적 지위가 낮아진 것도 사실이며, 천한 역을 수행하는 존재임은 분명하다. 그러나 귀천의 판단은 상대적이다. 여전히 향리가 지방에서 큰 권력을 행사한 집단은 분명하기 때문이다. 조선은 중앙집권을 추구했다. 임금이 전 영토를 통치했고, 지방 통치 역시 임금의 명을 받은 지방관의 몫이었다. 향리는 지방 관아에서 수령을 도와 국가의 업무를 수행하는 자들이었다. 이 과정에서 많은 이득을 취할 수 있었다. 양반이 되고자 했던 자들에게는 향역은 천한 일이겠지만, 반대로 평범한 농민에게는 향역을 수행하는 것이 특권이었다. 이런 상황을 조선 전기 일기인 『묵재일기』에서 엿볼 수 있다.

『묵재일기』에 드러난 조선 전기 향리

이문건은 1545년 9월 28일에 유배지인 성주에 도착했고, 10월 6일부터는 관노 걸후음傑厚音의 집에 머물렀다.[54] 걸후음의 집이 누추했는지 다음 해 4월 2일 향리 배순裵純의 집으로 거처를 옮긴다.[55] 배순은 '아전'이라고 일기에 등장하는데 하층 향리로 추정된다. 1545년 11월에 호장이 술을 대접한 하인 중 한 명이 배순의 아들 배인손이기 때문이다.

배순은 자신의 집에 이문건을 모시며 융숭하게 대접했다. 그래서 이문건도 배순의 가족을 위해 다양한 일을 지방관에게 부탁했다. 그 중 대표적인 것이 아래 『묵재일기』 내용처럼 배순을 향리로 만드는 것이었다.

> 판관에게 부탁해서 배순을 관아 향리가 되게 해달라고 했다. (판관이) 따르지 않았다.[56]

> (판관에게) 내가 말하기를, "주인 배순에게 임무를 주어 체면을 세워주십시오."라고 하자, 말한 대로 해 보겠다고 했다. 밤에 돌아갔다.[57]

배순을 임명하는 일로, 판관에게 임시로 사창리로 임명한다는 문서를 만들어 줄 것을 청했다.[58]

배순의 아들 인손이 도망색 서원을 청했다. 목사에게 편지로 알리니 마땅히 그렇게 정하겠다고 했다.[59]

목사가 초청하기에 관아로 들어가 바둑을 두었고 저물녘에 돌아왔다. 목사가 말하기를, "인손이 하고자 하는 도망색은 재물을 모을 수 있는 직임입니다."라고 했다.[60]

인손이 선상색選上色이 되고자 하기에 판관에게 말했더니 힘써 보겠다 한다.[61]

목사에게 종이를 거두는 것이 지나치다고 말하고, 또 인손을 두서원으로 삼도록 청하니 답하기를, "지금 맡고 있는 사람을 까닭 없이 섣불리 내보낼 수 없고, 내보내자니 구차합니다."라고 했다.[62]

목사가 인손을 두서원으로 임명했다고 한다.[63]

『묵재일기』 내용에서 알 수 있듯이 배순의 아들 배인손은 이문건에게 적극적으로 향리 직임을 청탁하기도 했다. 배인손은 앞서 살폈듯이 하인으로 불리던 관속이었다. 배인손이 원한 첫 번째 직임은 도망색逃亡色 서원書員이었다. 도망색 서원은 도망친 공노비를 추적해 잡는 일을 담당했을 것이라 추정된다. 조선시대 노비는 고된 역을 피해 도망치는 경우가 종종 있었다. 그 이후 배인손은 선상색選上色과 두서원頭書員을 희망하기도 한다. 선상색은 기녀나 노비를 뽑아 서울로 올려보내는 일을 담당하던 향리였다. 이 역시 노비를 관장하던 일이기 때문에 이권이 컸을 가능성이 크다. 두서원은 토지 관련 세금을 담당했던 서원의 우두머리로 추정된다. 이문건이 목사에게 배인손을 두서원으로 차정해 달라고 부탁했다. 목사는 처음에는 난색을 보였지만, 6일 뒤 두서원으로 임명했다고 알려왔다. 『묵재일기』의 배경인 16세기는 노비가 전 인구의 절반가량을 차지하던 시기이다.[64] 노비제의 전성기에 도망 노비와 관련된 일을 하던 향리들은 큰 부를 축적할 수 있었던 것 같다. 그 결과 아래 기사에서 확인할 수 있듯이 배인손도 상당한 부를 축적했다.

장계언張繼顔이 와서 말하기를, "목사가 사사로이 쌓아놓은 곡식을 살펴서 보고하라고 하기에, 지금 인손의 집을 살

피러 갑니다."라고 했다. 인손이 따라와서 하소연하니, 장
계언이 답하여 말하기를, "당신이 쌓아둔 것이라 하면 어찌
감히 세겠는가."라고 하며 곧 그만두고 갔다.[65]

장계언이란 사람이 목사의 명으로 곡식을 사사로이 축적한 사람을 찾으려 하지만 배인손의 반대로 조사를 시작도 하기 전에 그만둔다. 배인손의 뒤에 이문건이 있었기 때문일 것이다. 이문건이 일방적으로 배순과 배인손에게 베푸는 것만은 아니었다. 배인손은 관의 소식이나 하천의 허문 다리를 땔나무로 얻으라는 정보를 전해주며 상부상조했다.[66] 물론 모든 향리 임무가 매력적이었던 것 같진 않다.

유향소에 집주인 배순을 상경리上京吏로 배정하지 말 것을
청했는데, 경재소에서 옮기는 것이지 유향소에서 바꾸어줄
수 없는 것이라 답했다 한다.[67]

인손이 와서 서원역에서 제외시켜 줄 것을 요청했다.[68]

위의 인용에서 알 수 있듯이 배순은 상경리에서 제외해달라는

부탁을, 배인손은 원했었던 서원에서 다시 제외해 달라고 요청했다. 그런데 배순이 중요한 직임인 서원을 그만두려 한 이유를 알 수 없다. 이처럼 향리직은 임무에 따라 또 지역에 따라 천직과 요직이 바뀌기도 했다. 일반적으로 향리 직임을 천하게 여겼던 것은 양반과 같은 상층의 시각이 반영되었을 가능성이 크다. 특히 조선 전기에는 지방 양반도 관직 진출이 빈번했기 때문에 그들의 눈에 향리는 천역을 수행하는 것으로 보였을 것이다. 그러나 조선 전기에도 호장과 같은 상위직임은 여전히 요직으로 인식되었으며, 호장이 아니더라도 담당 업무에 따라서 상당한 부와 권력을 행사할 수 있었다.

조선 후기 향리의 역할 증대와 위상 변화

조선 후기 향리의 지위는 큰 변화를 겪게 된다. 조선 후기 지방 관아의 역할이 증대되면서 향리의 역할도 덩달아 커졌다. 그 시작은 바로 중앙 정부 재정의 중앙집권화 시도였다.[69] 조선 후기 국가 재정의 중앙집권화를 위해 여러 국가 기관에 분산되어 있었던 재정권을 제한하였고 재원의 파악, 징수, 납부까지의 과정이 모두 지방 관아의 몫으로 돌아갔다. 자연스럽게 지방 관아에서는 부세와 관련된 업무가 늘어날 수밖에 없었다. 이를 실질적으로 수행하던 향리의 역할이 커지며 위상도 함께 높아졌다. 또 조선 후기 지방 양반의 영향력이 상대적으로 낮아진 것도 사실이다. 조선 전기에는 지방의 양반도 과거에 급제해 고위직을 역임하거나 명망 높은 학자가 되는 경우가 많았다. 그러나 18세기 이후 서울과 지방의 경제적, 학문적 격차는 매우 극심해졌다. 경화사족京華士族이라는 한양 근교에 거주하는 양반을 지칭하는 표현이 생겼을 정도였다. 조선 전기 수령의 지방 통치 파트너였던 양반은 조선 후기에 들어오며 향리에게 그 자리를 넘겨주었다.

조선 후기 향리의 위상은 정약용의 『목민심서』에서 생생히 확인할 수 있다. 잘 알려져 있듯이 정약용은 전라남도 강진에서 유배 생활을 하며 지방 관청이 어떻게 돌아가는지 유심히 살폈다. 그가 남긴 향리와 관련된 기록은 다음과 같다.

상고하건대, 국초에는 법의 기강이 엄숙하고 관리의 정치술도 강직 청렴하여, 군현의 향리가 그의 여덟 식구를 먹여 살리기가 벅찼기 때문에 아전의 직업이 고역이라 생각하고 도망가는 자가 속출하였다. 그러므로 도망친 자를 잡아내는 것을 공으로 여기기까지 하였다. 법을 세움이 이와 같았으니, 당시 민생의 편안함을 짐작할 수가 있다. 요즈음은 향리 직임을 얻으려는 자가 머리가 부서질 정도로 경쟁하여 마치 벼슬을 얻는 것처럼 한다.[70]

내가 오랫동안 읍내에 있으면서 현령縣令의 승진과 파직당하는 일이 오로지 향리의 손에 달려있음을 보았다. 감영의 향리와 현의 향리가 상응하여 거짓 칭찬과 무고를 하여 저들이 하고자 하는 바를 자행한다. 그 이유는 감사가 향리를 풀어서 염탐하는 동시에 그들을 심복으로 믿기 때문이다. 그 잘못이 감사에게 있으니 수령으로서는 어찌할 방도가 없다.[71]

매번 보면 어리석은 수령은 반드시 수리首吏를 심복으로 알고 밤중에 몰래 불러서 여러 가지 일을 의논하는데, 아전이 수령을 기쁘게 해주는 것은 전세를 농간하고 창곡을 마음대로 다루어서 그 남은 것을 차지하고, 옥사와 소송을 흥정하여 그 뇌물을 취하는 일에 불과할 뿐이다. 결과로는 수령이 하나를 먹으면 아전은 백을 훔쳐 먹는다.[72]

세금을 바치는 쌀을 징수하는 기한의 마지막에 향리와 군교軍校를 풀어서 민가를 수색하여 긁어내는데 이것을 검독檢督이라 한다. 검독이란 가난한 백성들에게는 승냥이나 범과 같은 것이다.[73]

정약용은 조선 전기에는 향리가 천역이라 도망가는 자가 많았지만, 요즘은 향리가 되는 것을 벼슬 얻는 것처럼 여긴다고 기록했다. 그 원인은 바로 향리의 위세에 있었다. 향리는 심지어 수령의 인사에 관여했으며, 수령과 결탁해 백성을 침학하기도 했다. 힘없는 백성에게 향리는 자신의 삶을 좌지우지하는 승냥이와 범과 같은 무서운 존재였다.

이처럼 향리가 지방 관아에서 수행하는 역할이 컸던 이유는 바로 수령의 임기와도 관련이 있다. 수령은 군현의 실질적인 통치 책임자였지만 한 마을에서의 임기가 그리 길지 않았다. 따라서 짧은 기간 내 군현의 실무를 모두 파악하고 수행하기란 거의 불가능했다. 반면 향리는 일반적으로 대를 이어 직임을 수행했기 때문에 그 고을의 사정에 밝아 지방 통치에 큰 역할을 담당했다. 정약용은 수령의 임기가 길어야 3, 4년이고 짧으면 1년밖에 되지 않는다며, 수령을 여관에 지나가는 손님으로, 향리를 여관의 주인에 비유할 정도였다.[74]

3

조선 후기
향리 직임을 두고 벌어진
치열한 경쟁

조선시대 향리 수의 변화

조선 후기 지방 관아가 담당한 업무가 커지며 향리가 담당했던 업무도 더 많아졌다. 자연스레 관청에 소속된 향리 수도 늘어났다. 〈표 1〉은 조선 후기 자료에 나타난 향리 수이다. 경상도의 주요 지역에서 30여 년 사이 향리 수가 대부분 늘어난 것을 확인할 수 있다. 대구에서는 30명이 늘었으며, 안동에도 56명이 늘어났다. 다만 경주의 향리는 같은 수를 유지했다.

〈표 1〉 조선 후기 경상도 향리 수 변화

자료 지역	1759년 『여지도서』 향리 수	1832년 『경상도읍지』 향리 수
대구	96	126
경주	118	118
안동	234	290
진주	73	78
성주	85	110

조선은 각 지역 향리의 정원을 정해두지 않았다. 마을의 사정에 따라 향리의 수가 많은 곳도 있었고, 적은 곳도 있었다.[75] 조선 후기로 접어들며 군현의 향리가 대부분 늘어났다. 그러나 조정은 향리의 수가 많아지면 그만큼 폐단도 증가한다고 생각해 그 수를 제한

하거나 오히려 줄이려 했다.

> 서울 관사의 향리는 모두 정원이 있으나 지방 고을은 이 예를 적용하지 않습니다. 큰 고을의 경우 자그마치 수백 명에 달하고, 중간 고을도 적다고 해도 1백여 인이 못 되지 않습니다. 관의 세력에 기대어 크게 백성에게 해가 되고 있으니 지금 지방 고을에서도 서울 관사의 사례에 의하여 큰 고을은 70인, 중간 고을은 50인, 작은 고을은 30인으로 제한하고 혹 죄를 범하는 때에는 영원히 향리안에서 삭제하고 군액에 내려서 충정해야 하겠습니다.[76]

이처럼 정부는 향리의 수를 억제하려 노력했고, 향리의 수가 끝없이 늘어날 수는 없었다. 큰 이권을 얻을 수 있는 향리 수가 제한되며 그 자리를 두고 치열한 경쟁이 벌어졌다. 향리 직임을 두고 벌어진 경쟁을 오횡묵吳宖默이 작성한 『함안총쇄록咸安叢瑣錄』을 통해 살펴보자.

오횡묵의 함안군수 부임과 당시 함안의 상황

 오횡묵은 19세기 인물로 정선旌善, 자인慈仁, 함안咸安, 고성固城 등의 수령을 지냈다. 오횡묵은 1889년 4월 함안군수로 임명되어 1893년 2월까지 약 4년간 함안 관청에서 일어난 여러 일을 『함안총쇄록』이라는 이름의 일기에 기록해 두었다. 이 일기를 통해 수령의 눈으로 바라본 향리의 경쟁과 다툼을 생생하게 목격할 수 있다.

 오횡묵은 함안군수로 임명된 뒤 대구 경상 감영에 들러 감사에게 인사를 드렸다. 곧 함안군수로 부임할 오횡묵에게 경상 감사는 함안에 대한 여러 정보를 알려준다. 경상 감사가 말해준 정보 중 하나는 함안의 폐단이다. 함안에는 크게 두 가지 폐단이 있는데 그 중 첫 번째는 자연재해를 정확히 보고하지 않은 것이다. 농사는 날씨의 영향을 많이 받는다. 조선은 흉년이 든 지역은 그 정도에 따라 세금을 줄여주었다. 그러나 여러 해 동안 함안은 실제 작황보다 흉년의 피해를 과장하였고, 결국 감사의 감시망에도 걸려들었다. 또 다른 폐단은 바로 향리와 관련된 문제였다. 함안의 향리는 남당南黨과 북당北黨으로 나뉘어 두 패로 몰려다니고 있는데, 이로 인해 고을의 풍속이 어지러워지고 여러 문제가 발생하게 되었다는 것이다.[77] 두 개의 폐단은 별개의 사안 같지만 사실 서로 연결되어 있다.

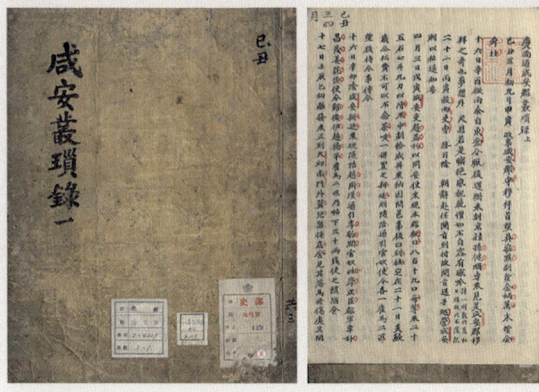

그림 7
『함안총쇄록』,
한국학중앙연구원 소장

흉년의 정도를 과장했던 폐단 역시 향리의 비리에서 기인했기 때문이다. 오횡묵은 함안에 도착한 뒤 이 사실을 알게 된다. 우선 경상감사가 오횡묵에게 말한 내용을 한번 살펴보자.

> 이른바 남·북당은 언제부터 생긴 것인지 모르겠다. 향리들은 현명한지 아닌지를 따지지 않고 각자 좋아하는 곳에 아부하며 사사로이 무리를 지어 원수처럼 사이가 벌어져 점차 손쓸 수 없는 곳까지 이르렀다. 마을을 다스리는 사람이 자주 위아래를 교화하려 했으나 어찌할 수 없어 마침내 일을 완전히 그르치게 되었다.[78]

전에 감영에 들어갔을 때 감사께서 남당으로 병곡芮谷 외동外洞의 이종검李鍾儉, 산족山足 박곡朴谷의 조우식趙佑植, 안도安道 대동垈洞의 이종성李鍾成, 북당으로 내대산內代山 입사立寺 조윤수趙胤秀, 안인安仁 송정松汀의 조성림趙性林, 부봉釜峰의 이유환李有桓 여섯 사람의 이름을 써서 보이면서 말하기를, "함안에는 이른바 남북당 패거리의 우두머리가 있는데, 이들이 바로 그 사람들이다. 이들이 만약 설치게 되면 관청은 관청이라 할 수 없으니, 읍에 도착한 뒤에 엄히 징벌을 가하여서 영원히 그들의 이름을 잘라버린 뒤에야 나머지 일도 또한 순서에 따라 처리할 수 있을 것이다." 하였다.[79]

감사의 설명에 따르면 어느 순간 함안 향리는 남당과 북당으로 나뉘어 서로 다투고 아첨하기 시작했다. 이들의 다툼에 지역 사회는 어지러워졌다. 그 피해가 얼마나 심했으면 대구에 있는 경상 감영에서 근무하는 감사가 함안 향리의 이름을 일일이 파악하고 있을 정도였다. 오횡묵이 선정을 베풀기 위해서는 향리의 전횡을 막아야만 한다는 것이 경상 감사의 경고이자 조언이었다. 실제 오횡묵이 부임하기 전 함안군수 중 상당수는 임기를 채우지 못하고 교체되었다.

<표 2> 함안 수령의 임기

번호	성명	부임 연도	퇴임 연도	재임 기간
1	이지민	1852	1855	3
2	이봉억	1855	1856	1
3	신빈	1857	1857	1년 미만
4	박지수	1857	1859	2
5	이원회	1859	1861	2
6	조의현	1861	1863	2
7	이희갑	1863	1864	1
8	백낙헌	1865	1866	1
9	정주묵	1866	1870	4
10	한규직	1870	1872	2
11	양필환	1872	1876	4
12	이청열	1876	1878	2
13	민상능	1878	1879	1
14	이창현	1879	1881	2
15	이형열	1881	1881	1년 미만
16	이건구	1882	1882	1년 미만
17	오응수	1883	1884	1
18	오일용	1884	1885	1
19	편좌언	1885	1885	1년 미만
20	오인섭	1885	1886	1
21	이종호	1886	1887	1
22	권동진	1887	1888	1
23	이유직	1888	1889	1

〈표 2〉는 오횡묵의 부임 전 함안 수령의 근무 현황을 정리해 둔 것이다.[80] 함안에 부임한 수령은 대체로 근무 기간이 짧았고, 오횡묵이 부임하기 직전 수령들의 임기가 상대적으로 짧은 것을 알 수 있다. 특히 1880년 이후 부임한 수령은 2년 이상 임기를 지속하지도 못했다. 오횡묵이 부임하기 2년 전 함안에 부임했던 권동진의 행적을 추적할 수 있다.

> 향리 조지윤趙志胤, 장교 곽천부郭千富·김태방金泰方·구민소具敏邵·이세욱李世郁 등은 모두 폐단을 일으키는 향리입니다. 작년 권 사또(권동직)께서 계실 때 죄를 만들어 다른 사람들을 모함하여 억지로 재산을 바치게 했습니다. 또 이세욱의 잘못된 부탁을 따라 관아의 정치를 흐리게 하고 어지럽혔습니다. 이에 장계하여 이전의 사또를 파면되게 했습니다. 그 죄상을 헤아려 보건대 먼 곳에 귀양을 보내도 오히려 쌉니다. 그들 가운데 구민소와 이세욱은 재물을 바치고 귀양을 가지 않으려고 손을 써 편안히 자기 집에서 살고 있습니다. 그리고 가로챈 공금은 아직도 갚을 마음이 없고 백성들한테서 징수하려고 하니 원통한 백성들의 원망 소리가 없는 곳이 없습니다. 이처럼 폐단을 저지르는 아전들은 조

금도 거리낌이 없습니다.[81]

　함안군 경내에 본래 빈민을 구제하기 위해 곡식을 비축해 둔 사람이 없었는데, 작년 권 사또(권동직)께서 계실 때 폐를 일으키는 향리 세 명과 군교 두 명이 몰래 관가에 부탁해서 먼저 온 고을의 부자들을 탈취하였습니다. 곡식을 많이 쌓아두고 있다고, 화목하지 않다고, 논을 샀다고, 몰래 장사를 했다고, 금을 채굴했다고, 도박을 했다고 억지로 죄를 얽어 포졸을 내보내어 잡아다 칼을 씌워 가두었습니다. 2,700냥을 바치라고 하고는 태형이나 장형을 가하고 주리를 틀기까지 하며 당장 바치라고 강요하였습니다. 이로 인해 도망간 사람들이 많고, 다른 데로 옮겨 간 사람도 많고, 재산을 다 잃고 떠돌아다니는 사람도 있고, 감옥에서 몽둥이를 맞아 죽은 사람도 있습니다.[82]

　권동진은 1887년 부임해 1년 동안 함안 수령을 지냈다. 그 기간에 향리들은 여러 일을 꾸며 불법 행위를 저질렀다. 권동진이 향리와 결탁해 이런 일을 저질렀는지 자세한 내막은 알 수 없다. 그러나 권동진은 분명 향리를 통솔해 함안을 통치할 수령이었기 때문에 향리의 부정행위에 자유로울 수만은 없다. 권동진은 고을 백성들의 세금과 이자를 거두면서 억지로 금과 돈을 빼앗아 착복했다는 혐의를 받았다. 결국 1888년 11월 경상도 관찰사 김명진의 장계를 통해 결국 1889년 1월 6일 파직되고, 이튿날 평안도 영변대도호부寧邊大都護府에 유배 보내졌다.[83] 수령인 권동진은 벌을 받았지만 정작 죄를 저지른 향리인 구민소와 이세욱은 별다른 처벌을 받지 않았다.

남당과 북당의 횡포가 오횡묵이 부임 전 최고조에 달했음은 분명하다. 오횡묵은 함안에 부임하기 전 경상 감사의 조언과 군지郡誌를 통해 함안의 사정을 파악했다. 그는 아래와 같은 시를 지으며 결전의 의지를 불태웠다.

    북쪽 언덕에서는 남쪽 언덕이 옳다는 것을 모르고,
    남쪽 이웃에서는 오로지 북쪽 이웃의 그른 것만 본다.

    온화한 기운이 상서로운 일을 부르건만 완전히 어그러져서,
    천시와 인사가 한결같이 같은 데로 돌아가네.

    작년 감영에서 받들 때 다소 의아했는데,
    지금 군지를 보니 과연 한숨이 나온다.

어찌해서 요즈음 백 년의 일이,
앉아서는 일 년에 하나둘도 드문가?

많은 군수 명단 가운데 전 태수들이,
반드시 재주가 못난 사람들은 아니었으리.

다만 귀신에 씌어 서로 다투었을 뿐이니,
마침내 상서로운 난새가 의지가 할 데가 없게 했네.

새는 배를 헝겊으로 막아도 근심은 흙담이 무너지는 것보다 급하고,
처음에 도착하니 할 일이 없어 일이 되어가는 형편을 살피네.

서울의 항아리는 지금 술지게미뿐인데,
변방 고을의 음악 소리를 감히 바라겠는가?

들보와 고깃덩어리에 여러 약을 놓는 일 용서가 되어도,
적발해서 다스리고 다듬는 것 혹 놓쳐서는 안 되네.

올 때 내가 이미 이름을 알았으니,

교활한 토끼가 성의 남쪽에서 살찔 날이 며칠이리[84]

  오횡묵은 남당과 북당을 교활한 토끼로 비유하며 그들의 전횡을 막을 것을 다짐한다. 그렇다면 함안의 향리는 왜 남당과 북당으로 나뉘어 싸웠을까. 그것은 오횡묵이 함안 향리와 가진 첫 공식 대면 자리에서 잘 드러난다.

이방 직임을 두고 벌어진 남당과 북당의 갈등

오횡묵의 함안 부임 다음 날인 1889년 4월 23일 문묘에 들러 인사를 한 뒤 본격적으로 업무를 보기 시작했다. 함안군수로 부임한 오횡묵이 살핀 관청의 첫 사무는 바로 이방 임명 문제였다. 다소 길지만 오횡묵의 일기를 천천히 읽어보자.

(오횡묵이 말하기를) "너희 읍의 이방 조영환趙英桓이 진영鎭營에서 교묘하게 감사를 만났으니, 이러한 사단이 무엇에서 연유한 것인지를 모르겠다. 그리고 일찍이 들으니 이번의 신연이방新延吏房이 향리의 추천으로 선출되었다고 하는데, 과연 그러하냐? 또 오는 길 주막에서 쉬는데 어떤 사람들이 호소하는 것을 듣고 진영의 일을 대략 알게 되었다. 내가 이에 잘 타일러 보내었는데, 물러가다가 갑자기 들어와 여러 차례 하소연하였다. 관청에서도 잡아가는 것을 모르는 것이 아니지만, 곧바로 멈추지 아니한 것은 실로 체면을 지키려는 것이었다. 그런데 도리를 돌아보지 않고 곧바로 뛰어 들어와 어리석은 생각을 구구절절이 말하였으니, 아울러 사실에 따라 바로 아뢰어라."라고 하였다.

공형이 말하기를, "본읍에는 본래 남당·북당이 있어 두 패로 나뉘었는데, 점점 고질화하여 가던 중에 지금 사또께서 도착하는 첫날에 향리들이 이방을 천거하는 일로 의논을 드리러 사람을 보낸 것입니다. 규정을 세워 영원히 시행하라는 가르침을 입어 이것을 따라 이때까지 해왔는데, 지금 사또가 바뀌는 때에 북당의 조윤수趙胤秀 등 몇 명이 감영의 명이라 빙자하여 조영환을 추천하였습니다. 그러나 이것은 한두 사람이 아부하는 데에서 나온 것이지 실로 온 고을의 공통된 의견이 아닙니다. 그러므로 온 고을의 크고 작은 백성들이 시끄럽게 떠들며 말하기를, '조영환은 일찍이 이 일을 맡았을 적에 백성을 해치는 일을 많이 일으켰으니, 이것은 대개 이미 좀벌레 사건으로 증명이 된 것입니다. 이미 마을의 천거로 이방을 선발하기로 하였으니, 조윤수 한 사람이 멋대로 해서는 안됩니다.' 이에 마을 사람들이 조기택趙其澤을 기대하며 일어나 다투었는데, 여러 날 서로 각자의 의견을 가지고 서로 여쭙는 글을 올렸습니다. 관청에서도 분란을 일으키며 편할 날이 없는 것을 고민하게 되면서부터 먼저 천망에 오른 사람을 차출할 것이라 하였습니다. 이에 사또가 오시는 중간에 말로 아뢰게 되는 데에 이르렀으니, 이는 실로 어리석은 생각에서 나온 것입니다. 황공하여 아뢸 바를 모르겠습니다."라고 하였다.

내가 말하기를, "조윤수는 이미 돈을 거두어들인 일로 감영의 감사를 받고 이미 옥에 갇히었다고 하던데, 어떻게 추천을 받겠는가?"라고 하였다. 대답하여 말하기를, "갇힌 지 한 달쯤 되었는데, 개인 병을 핑계로 빠져나와 서류상으로만 갇혀 있는 것처럼 하였습니다. 마침 밖에 있었으므로 아마도 회의에 참여하였던 것 같습니다."라고 하였다.

내가 말하기를, "갇혀 있어야 할 죄인이 태연히 회의에 참석하여 만약 보통 사람들과 한가지로 여러 사람의 공론을 배척하면서 자기의 사욕을 채우려 하는가. 시골 백성들의 습관이 비록 어리석고 완악하다고는 하나 감영에 갇힌 죄인으로서 향회에 참석한 것만으로도 그 간악한 향리의 발호를 짐작할 수 있다. 법도 없고 거리낌도 없는 것이 누가 이보다 더 심하냐? 이것으로 미루어 보건대 추천이 공평하지 않았다는 것 또한 알 수 있다."라고 하였다. 이방을 공석으로 둘 수 없어, 조계방趙啓邦을 협이방挾吏房으로 차출하여 그에게 거행하도록 하였다.[85]

오횡묵은 함안 수령으로 부임하는 길에 이방 조영환이 진영에서 감사를 만났다는 일과 신연이방을 향리의 추천으로 뽑았다는 소문을 듣게 된다. 또 한 무리의 향리가 자신에게 몰려와 무례하게 하소연을 했다. 신임 수령인 자신을 무시하고 주요 업무가 진행된 것에 화가 난 오횡묵은 사건의 경위를 묻는다. 그러자 공형은 함안 남·북당의 폐단이 이번 일의 발단이라고 소개했다. 그의 설명에 따르면 지방관의 교체 시기를 틈타 북당인 조윤수가 감영의 명이라 빙자하며 같은 당인 조영환을 이방에 낙점했다는 것이다. 이 이야기를 들은 오횡묵은 적지 않게 당황한다. 오횡묵이 알기로 북당의 조윤수는 부당하게 돈을 건 일로 감영의 조사를 받고 옥에 갇혀 있었기 때문이다. 그러나 조윤수는 병을 핑계로 감옥에서 풀려난 상태고, 서류상으로만 감옥에 있는 것이었다.

남당은 조영환의 백성 침탈 이력을 들어 이방 차임의 부당함을 주장했다. 북당은 수령이 교체되는 시기를 틈타 북당의 우두머리인 조윤수가 신임 이방으로 조영환을 추천했고, 조영환이 감영에 방문해 감사를 만나 승인받으려 한듯하다. 북당의 독주를 막기 위해 남당은 오횡묵이 함안으로 오는 길에 사람을 보내 이러한 사실을 알렸다. 수령이 교체되는 틈을 타 이미 많은 일이 벌어진 상태였다. 만약 초임 수령이거나, 함안의 사정을 모른 채 부임했다면 영락없이 향리의 손에 놀아났을 것이다. 그러나 오횡묵은 함안에 부임하기 전 정선군수, 자인 현감을 지낸 이력이 있다. 게다가 그는 함안에 부임하기 전 감사를 만나 함안에 대한 정보를 상세히 얻었다. 오횡묵은 노련하게 대응하며 남·북당 누구의 추천인도 아닌 조계방을 이방에 임명한다.

이처럼 남당과 북당은 이방 자리를 두고 치열하게 대립했다. 앞서 살펴본 대로 이방은 호장과 더불어 공형으로 지칭되는 최고위 향리 직임이었다. 앞서 살펴본 대로 이방은 마을의 여러 사무를 관장하고 향리의 임명과 업무 분담을 맡았다. 조선 후기 들어오며 향리 정원이 늘어나며 이방의 권한은 더욱 커졌다. 반면 호장의 지위는 약간 하락했다. 그 이유는 호장의 핵심 업무 중 하나가 관노비 관장인데, 조선 후기에는 조선 전기보다 노비의 수가 줄었기 때문이다. 이런 상황은 향리 직임의 매임가에서 잘 드러난다. 매임가란 특정직임에 임명될 때 내는 돈이다. 1857년(철종 8) 함평咸平의 경우 이방이 1,000냥, 호장 150냥, 도창색都倉色 100냥이었고[86], 1858년(철종 9) 진주의 경우 호장 200냥, 이방 1800냥, 도사령都使令 200냥이었다.[87] 이처럼 이방은 다른 직임과는 비교가 되지 않을 정도로 비싼 매임가를 기록했다. 함안의 남북당이 이방의 인사에 민감하게 반응하는 것도 쉽게 이해가 된다.

신임 수령의 파격적인 인사에 북당이 가만히 있을 리가 없었다. 조계방을 임명한 다음 날인 1889년 4월 24일 북당의 향리들은 무리를 지어 관아로 들어온다. 이것을 본 오횡묵은 "실로 이들은 양반이 소송을 벌이는 것과 같다. 그들의 행동거지가 어찌 그리도 거만한가?"라며 언짢은 심기를 드러냈다. 북당은 이에 아랑곳하지 않고 민원을 적은 거대한 축(議送軸)을 가져와 오횡묵에게 바쳤다. 그들은 향리들이 스스로 후임을 선발하는 것은 한강(寒岡) 정구(鄭逑)가 남긴 가르침에 따른 일이라고 주장했다. 따라서 자신들의 이방 선출은 아무런 문제가 없다는 것이다. 한강 정구는 조선 전기 선조와 광해군 시절에 활동한 선비였다. 그는 남명 조식과 퇴계 이황이라는 영남학파의 양대 산맥 아래에서 수학한 바 있다. 정구는 예학(禮學)에 밝았으며 명문장가로서 글씨도 뛰어났다. 특히 함안군수로 치적을 쌓은 바 있다. 그는 함안군수로 재직 중이던 1600년 함안 향교를 옮겨 지었고, 현존하는 가장 오래된 읍지인 『함주지(咸州誌)』를 편찬했다. 함안 백성은 선정비를 세워 고마움을 표했다. 북당은 한강 정구의 권위를 이용해 자신의 주장에 정당성을 부여했다. 그러나 오횡묵 역시 호락호락하지 않았다. 오횡묵은 최근 함안에서 발생하고 있는 잘못이 한강 선생의 유지를 따르지 못했기 때문이라고 보았다. 이어진 오횡묵과 향리 간의 다툼을 살펴보자.

백성(북당)들이 말하기를, "저희들은 이미 조영환을 뽑아 추천하였습니다. 저 이종검李鍾儉·조우식趙宇植·이종성李鍾成은 남당南黨으로 일컬어지는 사람들로서, 향규鄕規를 무시하고, 조기택趙其澤을 도와서 영에 글을 올려 뽑히기를 도모하고 있습니다. 그러므로 감히 이렇게 와서 깊이 헤아려 주시길 바라는 것입니다."라고 하였다. 내가 말하기를, "남당이라고 했으니, 또 다른 당이고 부르는 것도 있느냐?"라고 하였더니, 백성이 대답하지 못하였다.

먼저 들어왔던 송민 가운데 한 사람(남당파)이 일어나며 말하기를, "조기택은 곧 온 고을에서 모두 뽑히기를 원하는 사람입니다. 저 조윤수 같은 사람은 북당으로 일컬어지는 사람으로 그가 좋아하는 사람에게만 아부하고 여러 사람의 의견을 돌아보지 않으니, 원통함이 극에 달하였습니다. 또 어떻게 남당이라고 원님 앞에서 말할 수 있습니까?"라고 하였다. 내가 말하기를, "일찍이 감영에서 남북당에 대해서는 들은 바가 있다. 다만 잡아다가 조사하여 물으려 했었다. 그런데 너희들이 스스로 와서 여러 백성들에게 분명히 밝히고 동시에 증거를 보였다. 스스로 죄를 지었으니 살 수 없다는 말은 바로 이것을 두고 하는 말이다. 너희들 북당이라고 한 조윤수가 너희 무리 가운데 있느냐?"라고 하였다. 백성이 말하기를, "그는 지금 감옥에 갇혔습니다."라고 하였다. 내가 말하기를, "먼저 들어온 송민 가운데 일어나서 말했던 사람은 남당이렸다."라고 하니, 그가 말하기를, "사또께서 저희들을 남당이라고 하시면, 저희들은 정말로 억울합니다."라고 하였다.

이때 먼저 들어왔던 송민 오십여 명이 일제히 앞으로 나와 말하기를, "저희들은 본래 이 고을이 만들어진 뒤로 이 고을에 살던 백성으로, 성은 비록 다르지만, 가깝기는 서로 친척과 한가지입니다. 어찌 붕당으로 나뉘는 일이 있겠습니까? 그런데 저 조윤수가 성품이 본래 사납고 못 되었을 뿐만 아니라, 비뚤어지고 탐학하여 만약 자기를 따르지 않는 사람이 있으면 반드시 무고하여 함정 가운데로 몰아넣습니다. 그러므로 사람들이 문득 이것을 두려워하여, 그의 팔다리가 되었습니다. 이 때문에 고을의 부랑자들이 모두 조윤수의 뒤를 따르며, 북면에 살기 때문에 온 고을의 사람들이 북당이고 부릅니다. 저희를 남당이라고 하는 것은 저들이 부르는 말입니다."라고 하였다.

내가 말하기를, "너희들 말이 비록 사실에 가까운 것 같다. 그러나 각각 당의 뜻을 세워 향리는 자신들이 추천하여야 한다고 하며, 5~6달을 읍내에 머물면서 음식을 낭비하고, 다른 당끼리는 서로 다투며, 같은 당끼리는 서로 얽혀서 숨기고 시끄럽게 떠드는 지경에 이르렀다. 이것의 폐단이 마침내 힘없는 백성들에게 돌아가게 되었다. 이러한 폐단을 끝내고야 말겠다. 너희들을 마땅히 순서대로 엄한 형벌에 처하여 너희들 고을에 또한 고을 사또가 있다는 것을 알게 하겠다."라고 하였다. 조윤수를 잡아다 대령하고, 먼저 들어 왔던 송민은 반드시 남당이므로 또한 순서대로 다스릴 것을 명했다. 한명 한명 이름을 적되 한 사람도 달아나거나 빠짐이 없도록 할 것을 분부하고, 먼저 문서의 제일 우두머리 세 사람의 매질을 거행하라고 하였다.

장졸에게 엄히 영을 내려 각각 다짐을 받고, 형장과는 구별되도록 하였다. 하나하나 고찰해서 매질 5대씩 하도록 하는데 이르렀으나, 때리는 시늉만 하는 것 같았다. 내가 크게 꾸짖어 말하기를, "엄히 하라고 하였는데, 어찌 이처럼 하느냐? 너희들이 거행하는 것이 더욱 통탄스럽다."라고 하였다. 죄를 용서할 수 없으니 각각 큰 몽둥이로 일곱 대씩 치라고 하고 그 뒤에 몽둥이로 30대를 거행하였다.

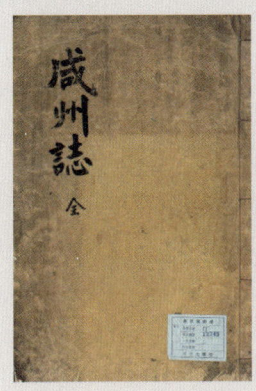

그림 8

『함주지』, 서울대학교 규장각한국학연구원 소장

이 사이 조윤수가 잡혀 왔는데 보니 70대 늙은이였다. 내가 말하기를 "네가 이름난 조상의 후예요, 나이 든 사람으로서 멋대로 향권을 쥐고 고을의 폐단을 야기했으니 집안의 못된 자손이며 이 마을의 몹쓸 백성이다. 너는 모름지기 형법을 맛보아야 할 것이다."라고 하였다. 그리고는 곧바로 거행하였다.[88]

북당은 자신들이 조영환을 추천했으며 남당이라는 자들이 조기택을 추천했다고 설명한다. 여기서 오횡묵은 북당의 실수를 잡아낸다. 바로 향리 내부에서 당이 갈려져 있다는 것을 자신들의 입으로 인정한 것이다. 이 점을 지적하며 오횡묵은 주도권을 잡는다. 남당은 이에 질세라 북당을 비판하며 전세를 역전시키려 한다. 오횡묵은 향리가 당을 나누어 서로 싸우는 실태를 비판하며 당을 나눈 남당 북당 향리를 모두 매로 다스리라고 명한다. 장졸에게 5대를 때리게 했는데, 장졸은 향리의 위세를 두려워했는지 때리는 시늉만 하고 만다. 결국, 장졸을 꾸짖은 뒤 큰 몽둥이로 7대, 몽둥이로 30대 총 37대를 때렸다. 거기서 그치 않고 북당의 우두머리인 70대 노인 조윤수를 불러 매질 후 향리의 처벌이 끝났다.

 이처럼 오횡묵은 부임한 지 며칠 만에 향리를 휘어잡게 된다. 오횡묵의 수령 경력과 부임 전 함안 실태를 파악하고 부임했던 것이 큰 도움이 되었을 것이다. 이렇게 향리의 기세를 꺾고 나니 백성의 칭찬이 자자했다. 마을의 큰 어른이 "사또께서 엄하고 현명하셔서 얼마나 다행인지 모르겠습니다. 어제 관속이 파견 왔지만 온 동네가 조용했다."라고 말하며 오횡묵을 치켜세웠다.[89]

 일기를 통해 함안의 향리가 얼마나 치열하게 이방 직임을 놓고 다투었는지 살펴보았다. 만약 오횡묵이 북당의 편에 들어 조영환을 이방에 차임했다면 어떻게 되었을까. 앞서 언급한 대로 이방은 향리의 인사권을 담당했다. 남당 향리는 점차 향리 직임에서 멀어졌을 것이다. 이처럼 남당 역시 자신의 권력이 달린 문제였기에 모든 방법을 동원해 조영환의 이방 차임을 막으려 했다.

4

향리라는 이름을 잃어버린 향리 후손의 삶

향리 선발은 어떻게 이루어졌을까?

조선시대 향리 선발 규정은 그 어떤 자료에도 보이지 않는다. 조선의 법전인 『경국대전』에도 향리 역에서 벗어날 수 있는 조항만이 기록되어 있다. 국가가 향리 선발 규정을 만들어 두지 않은 이유는 국가 입장에서 향리를 관직이 아니라 역으로 간주하였기 때문일 것이다. 군역자의 선발을 국가에서 정해두지 않는 것처럼 향리 역시 지방에서 자의적으로 선발하고 임무를 부여하면 된다고 생각했던 것 같다. 향리를 선발하는 방식은 지역마다 달랐을 것이라 추정되지만, 대체로 전임 향리의 입김이 크게 작용했다. 앞서 살펴본 함안에서도 기존 향리에 의해 이방이 추천되었고, 그 과정에서 내부의 갈등이 터져 나오기도 했다. 전라도에서 감영에서 근무한 향리인 이덕구李德龜는 향리의 선발 과정을 간략히 설명해 두었다.

> 감영 영리는 대개 향리의 자제 중에서 먼저 문벌門閥을 보고 다음으로는 문필文筆을 보아서 선임자가 추천한다.[90]

향리 선발에는 능력(문필)보다 가문(문벌)이 더 중요했다. 향리 선발에 가문이 큰 영향을 미치다 보니 자연스레 소수의 가계가 고위 향리 직임을 독점했다. 자신의 직임을 자식에게 물려주어 일부 향리 가문은 상층 향리 직을 조선시대 내내 세습했다.

그런데 조선 후기 향리의 수가 급격히 증가하며 정부는 향리의 정원을 제한했다. 그 결과 향리 가문에서 태어났더라도 향리가 될 수 없는 사람도 생겨났다. 향리는 지방관청의 업무를 수행하며 권력을 행사했다. 따라서 향리 후손이 향리가 되지 못한다면 그것은 큰 위기일 수밖에 없다. 안동 향리가 남긴 『승부리안陞付吏案』, 「절목節目」을 보면 이러한 상황을 잘 보여준다.

> 본부本府의 향리는 김金·권權 양 태사太師의 후손으로 가업을 세습하였습니다. 그 수가 많아 몇 해 전 정원을 정하였는데, 감영에서 130명으로 그 수를 정했습니다. 따라서 이청吏廳에서 함께 의논하여 부자·형제를 구분하여 한결같이 나이에 따라 원안元案에 올리고, 그 나머지는 모두 승부안陞付案에 올렸습니다. 원안에서 빠지는 자가 있으면 대신하여 차례로 원안에 올리게 했습니다.
>
> (중략)
>
> 본부의 승부안에 속한 향리 김광수 등 20여 인이 말하기를, "우리들은 부자 형제 상피相避 혐의가 없음에도 원통하

게 원안에서 누락 되었습니다."

(중략)

권극상權克祥 등 40여 인이 말하기를, "우리는 여러 해 역을 졌으나 하루아침에 (원안에서) 탈락하여 비단 이 한 몸만 폐기된 것이 아니라 자손의 앞길도 영원히 막히게 되어 의송議送을 올립니다."

(중략)

정원을 정한 후에 말하기를, "수년 동안 원안에서 빠진 인원이 전혀 없거나 조금 있습니다. 그러나 승부안에 기록되는 자는 달마다 해마다 늘어나고 있습니다. 소위 승부안에 오른 자들은 평생 원안에 오르지는 못하고 모두 늙어 승부안에서 제외되는 걱정이 있을 뿐 아니라."

(중략)

바라건대 전처럼 시행하여 향리라는 이름을 잃지 않게 해 주십시오.[91]

감영에서는 안동 향리의 수를 130명으로 정해두었다. 누군가는 향리가 될 수 없었다. 이에 공정한 향리 선발을 위해 안동 향리는 원안과 승부안이라는 명단을 만들었다. 원안은 실제 향리 임무를 수행하

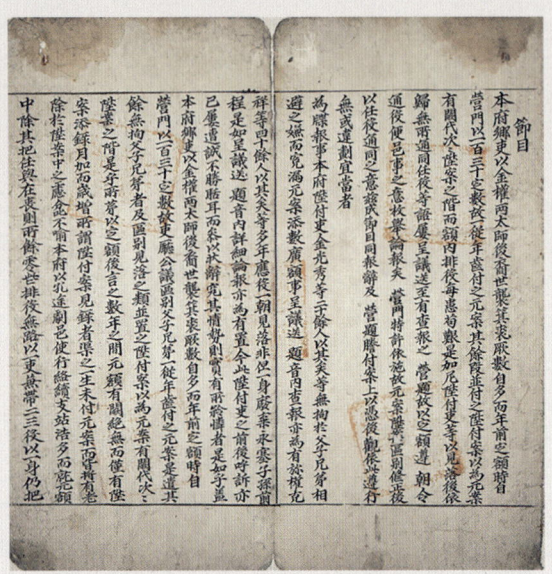

그림 9
『승부리안』,
서울대학교 규장각한국학연구원
소장

는 자들의 이름을 기록해 두었다. 승부안에는 원안의 향리가 직임을 수행하지 못할 때 그 자리를 대신할 향리의 이름을 기록해 두었다. 그러나 이 원칙은 거의 지켜지지 않았다. 원안에서 결원이 발생하지 않아 승부안에 속한 향리가 거의 원안으로 올라가지 못했던 것이다. 결국 승부안 향리들은 「절목」을 만들어 자신의 원통함을 호소했다.

'원안에서 빠진 사람이 없다.'라는 그들의 말을 문자 그대로 받아들이기는 어렵다. 인간은 누구나 병들고, 죽기 때문이다. 따라서 원안의 향리가 죽거나 병들어 임무를 수행하지 못할 때 승부안의 향리가 아니라, 원안에 속했던 자들의 아들이나 형제가 그 직임을 물려받았다고 보아야 한다. 승부안 향리는 직임을 수행하지 못해 결국 향리라는 이름을 잃을 위기에 처한다. 향리의 권한이 강해지며 경쟁이 치열하게 벌어졌고 그 결과 향리직임을 수행하지 못하는 향리 후손도 다수 생겨났다. 그들이 잃은 것은 단순히 향리라는 이름만이 아니다. 군역도 수행해야 하고, 호구지책도 찾아야 하는 절체절명의 위기에 처했다.

이 장에서는 향리라는 이름을 잃어버린 한 향리 후손의 생애를 추적해 보겠다. 그 대상은 경상도의 최고 명문 향리 가계인 안동의 안동권씨 동정공파 가계원 권창시, 권용칭, 권영흡 등이다. 이들은 안동을 넘어 경상도에서 가장 위세 있던 향리 가문 출신이다. 경상감영 향리는 대부분은 안동의 안동권씨, 안동김씨 향리로 구성되어 있었다.

> 감영의 향리는 대부분 안동의 권 생원과 김 생원이다. 집에 있을 때는 갓을 쓰고 소매가 넓은 옷을 입고 책상에서 독서를 한다. 근무처에서는 담홍색의 곧은 두루마기를 입는다. 나이가 어리고 지위가 낮은 자는 감히 가죽 신을 신지 못한다. 육방에 모인 향리가 감영의 일을 주관한다.[92]

감영에서 근무하는 향리를 영리라 불렀다. 원래 영리는 경상도 군현의 향리 중에 선발했다. 조선 초기에는 경상도의 여러 지역 향리가 선발되어 영리로 근무했지만, 조선 후기에는 위의 인용문처럼 안동 출신의 안동권씨, 안동김씨 향리가 감영 소속 향리의 대부분을 차지하게 되었다.

안동권씨 동정공파 22세손 권득정의 후손은 대대로 감영의 향리

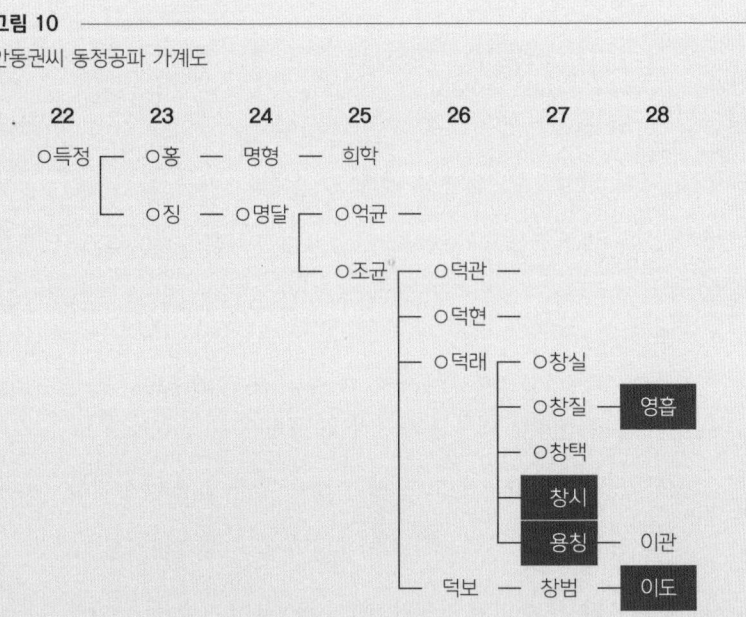

그림 10
안동권씨 동정공파 가계도

* 비고: ○는 감영 향리

를 역임한 명문 향리 가문이었다. 경상도를 대표하는 명문 향리 가문에도 향리가 되지 못하는 구성원은 존재했다. 〈그림 10〉에서 알 수 있듯이 권조균의 네 아들 중 막내 권덕보는 어떠한 향리 명단에도 나타나지 않는다. 또 권덕래의 다섯 아들 가운데 넷째 권창시와 막내 권용칭 역시 향리 직임을 수행하지 않았다. 이런 현상은 안동 향리 내부에 규율이 있었음을 추측할 수 있다.

> 이때 그들(향리들) 스스로 법을 만들어 부자가 함께 입사한다거나 형제 3명이 함께 입사하는 것을 허락하지 않고 있다.[93]

『목민심서』에는 향리 내부에서 만든 규약을 소개해 두고 있다. 경쟁이 치열해지며 특정 계열이 향리를 독점하는 것을 막고자 이런 규약을 만들었다. 그러나 약속은 언제나 깨질 수 있는 것이었다. 부자와 형제 3명이 함께 향리 직임을 수행하는 사례는 안동권씨 동정공파에서 쉽게 찾아진다. 그러나 이런 규약을 만들었다는 것 자체가 의미하는 바가 크다. 그것은 명문 향리 가문이라 할지라도 모든 아들을 향리로 만들 수는 없었다는 점이다. 명문 향리 가계 구성원도 주변의 시선을 의식해야 했다. 결과적으로 명문 향리 가계에서 태어났음에도 구성원 일부는 결국 향리로 선발되지 못했고 결국 향리라는 이름을 잃어버리게 되었다. 그런데 여기서 특이한 점을 찾을 수 있다. 출생 순서가 빠른 아들이 향리가 되었으며, 출생 순서가 상대적으로 느린 아들이 향리 직임을 수행하지 못했다는 점이다. 권덕보는 조균의 막내아들이며, 권창시·권용시 역시 네 번째, 막내아들이다. 결국 향리라는 거대한 권력을 가문에서 가장 중요하게 생각한 장자 중심으로 계승한 결과인 것이다.

향리가 되지 못한 향리 후손의 대응

향리가 되지 못한 향리 후손이 선택한 대안은 바로 거주지를 옮기는 것이었다. 조선시대는 계층별로 거주하는 곳이 달랐다. 최근 '직주근접'이라는 표현을 많이 쓴다. 직장과 주거지가 가까운 것을 의미한다. 향리도 직장 인근에 거주했는데, 이들의 직장은 관아였다. 지방 관아는 읍치에 있었고, 그들도 근무지와 가까운 읍치에 거주했다. 반면 양반은 산과 숲에 거처하는 선비라는 의미인 '산림처사山林處士'라는 표현이 있듯 대부분 번잡한 도시를 피해 농촌에 거주했다. 하회마을, 양동마을과 같은 명문 양반의 거주지는 도시가 아닌 농촌(산림)에 있다.

권조균 후손 중 일부는 조상이 세거한 읍치를 떠나게 된다. 그들이 새로 정착한 곳은 안동 읍치로부터 오늘날 도로로 10km 정도 떨어진 풍산면 막곡동이다. 권조균 후손이 풍산면 막곡동으로 퇴촌한 뒤 그곳에 세거한 흔적을 여러 곳에서 찾을 수 있다. 안동권씨 족보를 살펴보면 권창시의 직계 자손인 영완永琓, 계용啓用, 병홍秉弘, 중옥重鈺, 태목泰穆이 풍산면 막곡동에 묘가 있었다. 조선시대 묘지는 풍수지리에 크게 영향을 받았다. 꼭 자신이 거주하는 마을 근처에만 묫자리를 쓰지는 않았다. 길지를 찾아 전국을 헤매기도 했다. 그

그림 11
권창시 후손의 가계도

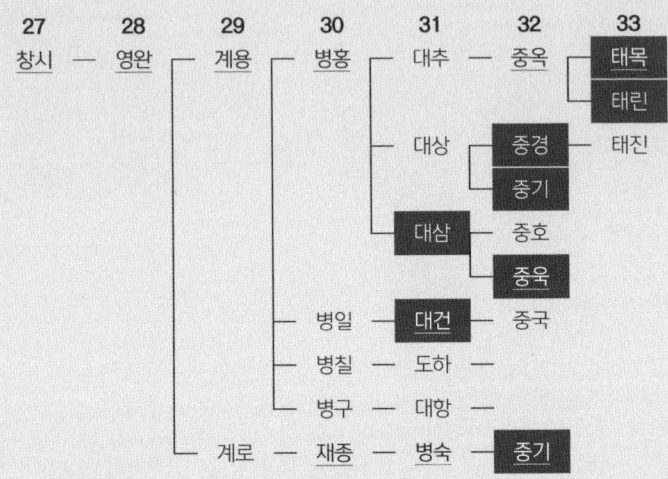

* 비고: 음영이 처리된 인명은 『토지조사부』에 풍산면 막곡동에 거주한다고 나타난 인물들이다. 밑줄과 진하게 표시된 사람은 무덤이 풍산 막곡에 있는 자들이다. 배우자의 묘소가 풍산 막곡인 경우도 밑줄을 그어 표시했다.

러나 이렇게 많은 사람이 같은 지역에 묘지를 썼다는 것은 그들이 막곡동에 세거했음을 의미한다. 또 1914년 작성된 『안동군安東郡 토지조사부土地調査簿』[94]에도 권창시 후손은 풍산면 막곡동에 다수 등장한다. 막곡동의 입향조 가운데 한 명인 권창시는 1741년에 태어나 1813년에 생을 마감했다. 18세기 후반~19세기 초반 어느 시점 풍산면 막곡동으로 이거 한 것으로 보인다. 이후 그의 후손이 이곳에서 최소한 1914년까지는 대를 이어 거주했다.

권창시의 둘째 형 권창질과 그의 아들 권영흡 역시 막곡동으로 거주지를 옮긴 것을 알 수 있다. 이들의 준호구準戶口와 호구단자戶口單子에서 그것을 확인할 수 있다. 조선은 3년마다 한 번씩 호적을 만들었다. 호적에는 이름, 본관, 직역, 연령, 노비, 사조四祖 등의 정보가 기재되어 있고, 이것을 부세 수취의 기준으로 삼았다. 호적을 작성할 때 각 호에서는 구성원의 정보가 담긴 호구단자를 제출했다. 관에서는 호구단자의 사실 여부를 확인한 뒤 호적을 만들었다. 각 호에서는 가족 관계나 노비 소유권을 확인하기 위해 관에 요청하면 준호구라는 증빙 문서를 발급해 준다. 이들의 준호구와 호구단자에서 확인할 수 있는 거주지는 〈표 3〉과 같다.[95]

〈표 3〉 창질과 영흡의 거주지

자료 \ 정보	통수統首	발급 연도	거주지
준호구	창질	1777	부내면 성야동
준호구	창질	1792	부내면 성야동
준호구	영흡	1795	서후면 송야하리
호구단자	창질	1797	부내면 성야동
준호구	창질	1798	서후면 송야하리

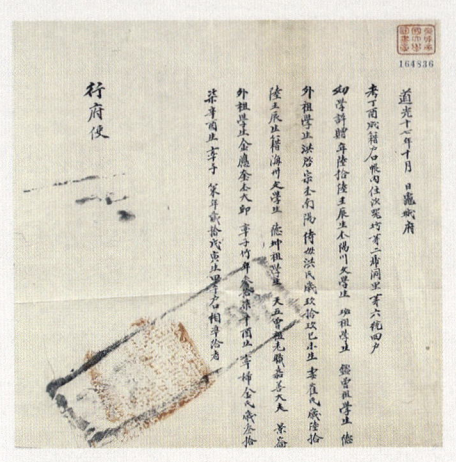

그림 12
「준호구」, 서울대학교 규장각한국학연구원 소장

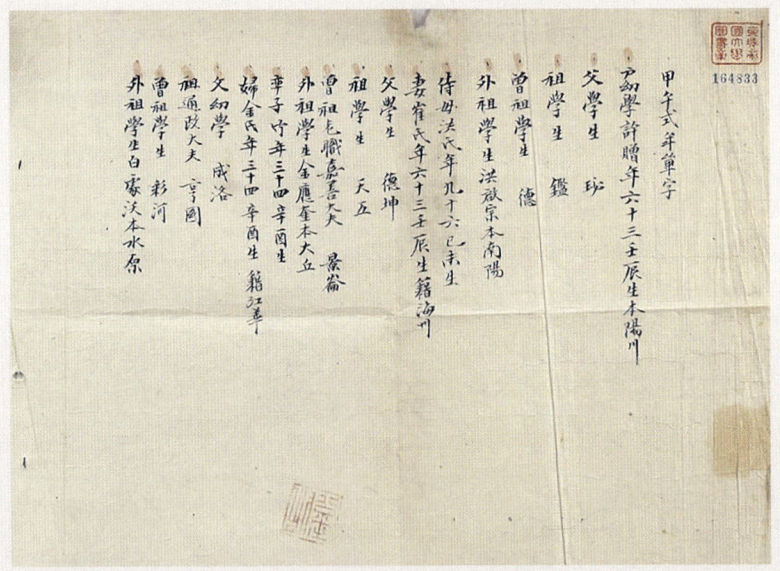

그림 13
「준호구」, 서울대학교 규장각한국학연구원 소장

* 권창질에게 발급된 호구단자와 준호구는 보존 상태가 좋지 않아 1837년 허증許贈이라는 사람에게 발급된 호구단자와 준호구로 대체한다.

1777년 발행된 준호구에 따르면 당시 44세의 권창질은 읍치인 부내면 성야동에 거주하고 있었다. 성야동은 안동의 명문 향리들이 다수 거주했던 법상동의 옛 지명이다.[96] 권창질은 향리 업무를 수행했기 때문에 관아의 인근인 성야동에 거주한 것으로 보인다. 그러나 1795년 발급된 준호구에 따르면 권창질의 아들 영흡의 거주지는 서후면 송야하리이다. 권영흡은 아버지와 부내면 성야동에 거주하다 향리 직임을 수행하지 못하여 특정 시점에 송야하리로 옮겨간 것으로 보인다. 권창질 또한 1798년에는 아들이 살고 있던 서후면 송야하리로 옮겨갔는데, 당시 그의 나이가 65세였던 점으로 미루어 보아 퇴사한 시기로 보인다. 이들이 이주한 송야하리는 현재 존재하지 않는 지명이다. 그러나 〈그림 12〉에서 알 수 있듯이 송야하리의 흔적은 남아있는데 바로 송야천과 송야사거리와 같은 지명이다. 현재 송야사거리는 풍산읍 막곡리에 속해있고, 오늘날에도 안동에서는 송야하리라고 하면 일반적으로 막곡동으로 이해한다. 이런 점을 염두에 두면 권창질, 권영흡, 권창시의 퇴촌은 막곡동으로 이루어졌다고 보아야 한다. 정확한 시점은 알 수 없으나 이들이 읍치를 떠나 막곡동에 정착한 것은 명백해 보인다.

그들이 새로 정착한 송야리에는 조선 중기 인물인 송암松巖 권호문權好文을 배향한 청성서원靑城書院이 있고 그들의 후손이 거주했다고 알려져 있다. 19세기 후반 권호문의 후손은 풍산면의 북쪽에 위치한 서후면 교동校洞에 거처하는 것으로 나온다.

『안동군 토지조사부』에 따르면 권호문의 13세손 권우현은 서후면 교동에 거주하고 있다. 그는 서후면 교동에 거주한 사람 가운데 가장 많은 토지를 소유하고 있으며 문중 재산도 그의 이름 아래 기재 되어 있다. 권우현의 동생 세현, 권우현의 아들 영갑 역시 서후면 교동에 등장한다. 교동에는 총 70명의 토지소유자가 등장하는데 그중 20명만이 권씨이다. 풍산류씨의 동성촌락으로 알려진 풍산면 하회동에는 273명의 토지소유자가 등장하고 그중 220명이 류씨였다. 따라서 교동에 거주했던 권호문 후손은 상대적으로 족세가 약한 양반이었다고 할 수 있다. 풍산면 막곡동과 서후면 교동은 도로 하나를 사이에 둔 곳이다. 권호문 후손은 한 명도 빠짐없이 교동에, 권창시 후손은 막곡동에 거주하는 것으로 보아 두 집단의 거주지는 분리되어 있었던 것 같다.

풍산면 막곡동은 읍치와도 그리 멀지 않은 곳이었다. 두 곳은 오늘날 도로 기준으로 대략 10km 정도 떨어져 있다. 비록 향리가 되지는 못했지만, 여전히 형제와 친척들이 상층 향리였기 때문에 그들에게 도움을 받을 수 있었다. 그들로부터 도움을 받기 위해서는 읍치와 너무 떨어지면 안된다.

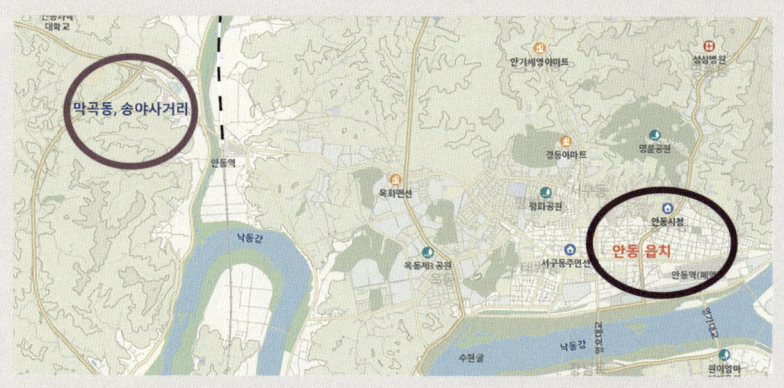

그림 14
안동 지도, 국토정보플랫폼

　풍산면 막곡동으로 거처를 옮긴 안동 권씨 향리 후손이 그들의 지위를 유지하기 위해 행한 또 다른 활동은 과거 응시였다. 조선 후기에는 과거 응시자 수가 비약적으로 늘어났다.[97] 늘어난 과거 응시자에는 향리도 다수 포함되어 있었다. 고종 대 조정에서는 향리들이 과거장에 출입해 폐단이 생기니 그들의 과거 응시를 금해야 한다는 이야기가 논의되기도 했다.[98] 풍산면 막곡리로 거주지를 옮긴 권조균의 후손 중에서도 과거에 응시해 합격한 자들이 있다. 권덕래의 5남 용칭, 권창질의 아들 영흡, 권창범의 아들 이도가 바로 그들이다. 권용칭은 1789년(정조 13) 식년시에서 진사 3등 44위로, 권영흡은 1801년(순조 1) 식년시 생원 2등 14위로, 권이도는 1801년

(순조 1) 식년시 진사 3등 13위로 각각 합격했다.[99] 합격 당시의 나이를 찾아보면 용칭은 30세, 영흡은 43세, 이도는 34세였다. 관의 업무를 수행하기 위해서는 글을 쓰고 읽을 수 있어야 했다. 향리 자식들도 어려서부터 글공부를 했다. 그러나 과거를 위한 공부와 향리로서 필요한 공부는 달랐다. 이들은 모두 향리가 되지 못했다. 권용칭, 권영흡, 그리고 권이도는 어릴 때부터 향리가 될 수 없음을 깨닫고 과거 공부에 전념한 듯하다. 이렇게 한 가계에서 여러 명의 급제자가 나왔다는 것은 이들 외에도 향리 직임을 수행하지 못한 많은 향리 후손이 과거 공부에 매진했다는 것을 의미한다.

그러나 생원, 진사시의 합격과 관직 진출은 별개의 일이었다. 과거 합격 후 관직에 진출하기 위해서는 대과大科에 합격해야만 한다. 생원, 진사시는 소과小科로 분류되며, 소과 합격자는 다만 성균관 입학 자격만 갖게 된다. 생원시, 진사시 합격자는 성균관에서 300일간 수학한 뒤 대과라고 하는 문과에 응시한다. 생원시, 진사시에 합격한 권용칭, 권영흡, 권이도가 서울에 있는 성균관에 들어가 대과 준비를 했는지 알 수는 없다. 그러나 대과나 관직 진출에 큰 힘을 쏟은 것 같지 않다. 과거 합격 후에도 이들은 꾸준히 안동에서 행적이 발견되기 때문이다. 18세기 후반 향리 후손이 대과에 합격한다고 관직에 진출하고 더 나아가 요직에 이르는 것은 매우 어렵

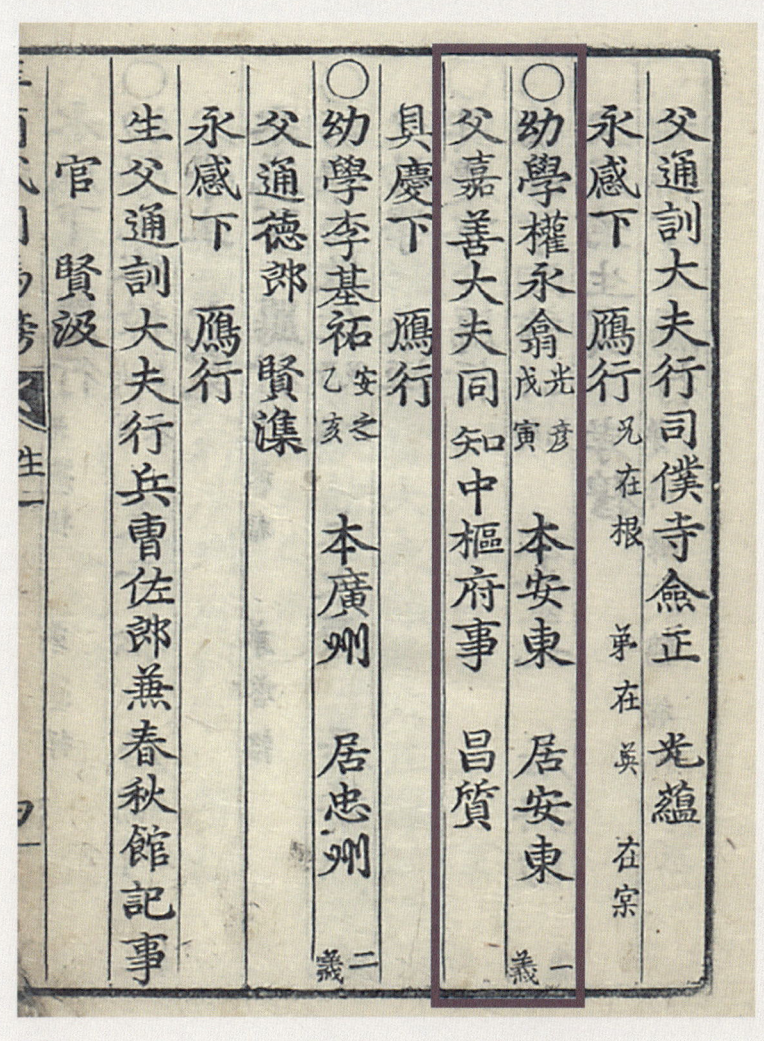

그림 15
『숭정3신유추식년사마방목崇禎三辛酉秋式年司馬榜目』, 한국학중앙연구원 장서각 소장

권영흡의 과거 합격 방목.

4. 향리라는 이름을 잃어버린 향리 후손의 삶

다. 상주의 향리 후손 이명구李明九 역시 향직을 수행하지 않은 자로 평생토록 관직에 진출하기 위해 애썼다. 이명구는 중앙의 여러 요직을 거친 신석우申錫愚가 경상 감사로 근무할 때 친분을 쌓았다. 이후 신석우를 통해 중앙의 유력 인사들과 교류하며 관직 진출을 도모했다. 그러나 끝내 그 꿈은 이루어지지 않았다.[100]

주요 향리 직임에서 배제된 권용칭·권영흡·권이도는 다른 방식으로 권력을 만들어 내야만 했다. 이들이 과거 공부에 몰두한 것은 사회적 지위를 유지하기 위함이라고 생각된다. 조선 후기 생원·진사시의 합격이 관직을 보장해 주는 것은 아니었지만 향촌 사회에서 갖는 의미는 상당히 컸다. 조선 후기 생원 진사에 합격하는 것만으로도 사회적 지위와 명예를 인정받을 수 있었다.[101]

안동권씨 향리 후손은 자신들의 조상을 기리는 사업도 진행했다. 이들은 풍산면 막곡동에 사우祠宇를 건립했다. 조선시대 사우는 서원과 성격이 매우 유사했다. 조선시대 양반들은 저명한 유학자나 충절을 지킨 선현에게 제사를 지내고, 제자를 양성하는 서원을 만들었다. 1543년(중종 34) 백운동서원이 건립된 이후 조선 후기 서원의 수는 빠르게 증가했다. 조선 후기 서원은 단순히 선조를 기리거나 교육의 장소만은 아니었다. 서원은 점차 양반의 권위를 강화하고 보존하는 공간으로 탈바꿈했다. 앞서 살펴본 대로 조선 후기

그림 16
안동시 남선면 신석리에 위치한
봉강영당

지방의 양반은 고위 관직에 거의 진출하지 못했다. 그래서 양반의 지위를 유지하기 위해 훌륭한 조상의 권위를 빌려왔다. 사우도 이름을 드날린 선조의 영정이나 신주를 모셔 두고 제향하는 장소였다. 서원과 달리 사우에서는 제자를 가르치지는 않았고, 격도 서원보다는 상대적으로 낮았다.

이들은 1808년 안동 풍산면 막곡동에 권희학을 모신 사우 봉강영당鳳岡影堂을 건립했다. 권희학은 1727년(영조 3) 벌어진 이인좌의

4. 향리라는 이름을 잃어버린 향리 후손의 삶   115

난을 평정한 공으로 분무공신奮武功臣 3등에 임명된 바 있다. 이인좌의 난이란 이인좌가 1728년에 일어난 반란으로, 무신년에 일어나 무신란戊申亂이라고도 부른다. 숙종 대 조선은 서인과 남인이 치열한 정쟁을 벌였고, 결국 남인이 몰락하고 서인의 승리로 끝이 났다. 그러나 서인은 다시 노론과 소론으로 나뉘어 치열하게 대립했고, 소론의 지지를 얻은 경종이 즉위한다. 그러나 경종은 재위 4년 만에 죽고 뒤를 이어 영조가 즉위하며 소론은 정권에서 배제되었다. 이에 소론과 일부 남인은 영조와 노론을 제거하기 위해 반란을 일으켰고 그 반란의 우두머리가 바로 이인좌였다. 권희학은 이인좌의 난이 발생한 뒤 금위영교련관禁衛營敎鍊官으로 도순무사都巡撫使 오명항吳命恒을 따라 안성·죽산 등지에서 전공을 세워 그 공을 인정받았다.

권희학은 막곡동으로 이주한 향리 후손의 방계 조상이었다. 봉강영당의 주도자인 권창시, 권용칭의 조부인 권조균과 권희학은 같은 항렬이며 8촌이었다. 봉강영당 건립은 1788년(정조 12) 권희학 직계 후손에 의해 처음 논의가 이루어졌다. 그러나 이때 권희학 본손은 쇠락해 진행되지 못하다가, 17년 후 1805년 권희학의 방계 후손에 의해 재논의가 시작되었다. 봉강영당의 건립 과정은 『봉강영당창건일기』[102]에 자세히 기술되어 있다. 일기의 시작은 이렇다.

그림 17
〈권희학 영정〉,
한국민족문학대백과사전에서 전재

화산의 진사 권용칭·권영흡·권심도와 그 문중의 권창직·권창모·권창시 등 십 수 명이 구담九潭의 감고당에 모여서 화원군花原君의 영당을 건립하는 일로 모여 의견을 나누었다.[103]

권용칭, 권영흡, 권심도(권이도의 다른 이름이다), 권창시 등이 주축이 되어 봉강영당을 건립하였다. 이들이 봉강영당을 창건한 이유는 일기에서 파악할 수 있다.

그가(권희학) 행한 평생의 자취를 살펴본다면, 모두 충효로부터 행한 것이다. 만년에 스스로 함양한 것은 더욱 어진 스승과 벗으로부터 깊이 영향을 받고 체득하여 인식한 결과였다. 또 영남은 본디 '의리의 고장'이라고 일컬어지는데, 불행히 무신년(1728) 변고에 한 마리의 물고기가 온 내를 흐리게 한 수치가 있었으나, 당시에 오직 화원군이 안동에서 일어나 정성을 다하여 적을 토벌해서 영남의 충의를 드러내 밝혔다. 아! 곤륜산이 불탐에 누가 옥과 돌을 구분할 것인가? 만약 화원군이 아니었다면, 우리 영남 사람들이 화를 당하는 위태함을 헤아릴 수 있었겠는가?[104]

가장 큰 이유는 자신의 조상인 권희학의 행적과 충효를 기리기 위해서였다. 유교 사회에서 충효는 가장 중요한 덕목이니 그것을 강조하는 것은 너무나 당연하다. 그러나 그 뒤에 나오는 표현이 인상적이다. 무신난 이후 영남이 의리의 고장에서 반역의 고장으로 바뀌었으며, 권희학이 있어 영남 사람이 화를 입지 않았다는 것이다. 사실 무신난은 충청도에서는 이인좌가, 영남에서는 정희량鄭希亮이 반란을 주도할 정도로 영남 사회와도 크게 관련되어 있었다. 무신란 주도층은 안동을 중심으로 한 경상좌도의 남인들을 포섭하려고 노력했다. 안동의 많은 남인은 무신난에 합류하기로 했지만, 결정적인 순간 참여를 주저했다. 결국 무신난은 실패로 돌아갔다. 많은 영남 남인이 결정적인 순간 발을 빼며 큰 처벌을 받지는 않았지만, 반역에 가담하려 했다는 사실은 없앨 수 없었다. 원래 영남은 추로지향鄒魯之鄕으로 불렸다. 추로지향은 공자와 맹자의 고향이라는 의미로 성리학에 대한 이해가 깊고 충절이 깊은 선비가 많다는 의미이다. 그러나 무신난 이후 영남은 오히려 '반역의 고향'으로 불리게 되었다.[105] 이처럼 영남 양반이 반역의 낙인이 찍혀있었으나, 권희학은 오히려 그 반역을 진압한 충효의 상징이 되었다. 권희학을 기리는 사우를 건립함으로써 이들은 충효가 뛰어난 자의 후손이라는 지위를 차지할 수 있게 되었다.

이들은 1805년 1월 3일 처음 회동을 한 뒤 빠르게 건립을 추진해 나간다. 첫 만남에서 친족들에게 돈을 걷어 비용을 마련했으며, 권희학의 글과 책을 정리해 나갔다. 1월 15일에는 권창시의 주도로 목재와 기와를 모으러 다녔다. 2월에는 2일에 권용칭, 권영흡, 권이도 등이 모여 영당 터를 정했으며, 5일에 길일을 받아 공사 시작일을 정했다. 4월에 지신地神에게 제사 지내고 공사를 시작했고, 5월 10일에 영당과 어서각御書閣을 완공했다. 공사 중에 권창시와 권영흡은 재원을 확보하기 위해 분주히 움직인다.

봉강영당을 건립하는 유사의 명단인 『봉강영당 유사안』에는 총 36명의 이름이 등장한다. 이들 유사안에 등장하는 사람들은 대부분 안동권씨 동정공파이며, 안동의 다른 향리 가계는 참여하지 않았다.[106] 이들은 대부분 향리 가계에서 태어났지만 향리 직임을 수행하지 않았던 자들이다. 직임을 수행하던 향리는 주로 재원을 부조하는 것으로 건립에 기여했다.

봉강영당 건립 과정에서 가장 많은 부조를 한 곳은 바로 향리가 근무하는 안동 관청이었다. 가장 많은 돈을 부조한 곳은 작청이었다. 두 번째로 많은 부조를 한 안일반은 호장이나 이방과 같은 고위 향리 직임을 수행한 향리들이 만든 조직이다. 세 번째로 많은 돈을 부조한 순영방巡營房 양노소養老所도 감영의 노년 향리들이 만든 기관으로 추정된다. 이처럼 향리와 관련된 조직에서 부조한 금액은 상당히 컸다. 이들은 안동의 향리로서 큰 공훈을 세운 권희학을 기리는 봉강영당 건립에 기꺼이 돈을 부조했던 것으로 보인다. 그러나 본격적인 창건 과정에서는 현직 향리들의 역할이 거의 보이지 않았다.

풍산면 막곡동에 거주한 향리 후손은 1824년 『안동향손사적통록安東鄉孫事蹟通錄』[107]이라는 책을 발간한다. 『안동향손사적통록』은 안동 향리 가운데 행적이 두드러진 인물의 전기를 담은 책이다.

『안동향손사적통록』에서 우선 주목할 점은 바로 서문과 발문의 필진이다.[108] 서문·발문의 필진은 크게 두 부류로 나누어진다. 하나는 당시 정국을 주도하던 핵심 인사들이다. 대표적으로 김재찬金載瓚, 김학순金學淳, 김이양金履陽은 당대 안동김씨 노론의 실세들이다. 그 외에도 중앙 요직을 역임한 다수의 노소론 인사들이 서문·발문의 필자로 참여했다. '나는 새도 떨어뜨린다.'라는 세도정치기 핵심 인사들이 향리 문집의 서문·발문에 참여한 것은 정치적인 의도가 컸다고 보인다. 즉 중앙 정계 인사의 『안동향손사적통록』 서발문 참여는 안동이 남인 세력의 근거지였다는 점과 밀접한 관련이 있을 것이다. 노론 집권 세력은 1728년(영조 4)에 노론계의 대표 인물인 김상헌 서원을 건립하고자 했지만, 남인들의 강력한 반발에 밀려 실패했다.[109] 이 같은 상황에서 노론 핵심 세력의 안동 향리에 대한 지원은 결국 안동 남인들에 대한 견제의 의미가 있었음을 짐작하기 어렵지 않다.

『안동향손사적통록』의 서문·발문에 참여한 두 번째 집단은 바로 안동에 거주했던 명문 양반이다. 서문·발문 작성에 참여한 남인은 총 5명으로 노론·소론에 비해 그 수는 적지만 퇴계 이황과 서애 류성룡의 후손, 대산 이상정의 문인 등 안동 사회를 주도하고 있던 핵심 양반이 포함된 점을 주목해야 한다. 이들의 참여 동기는 우선 향

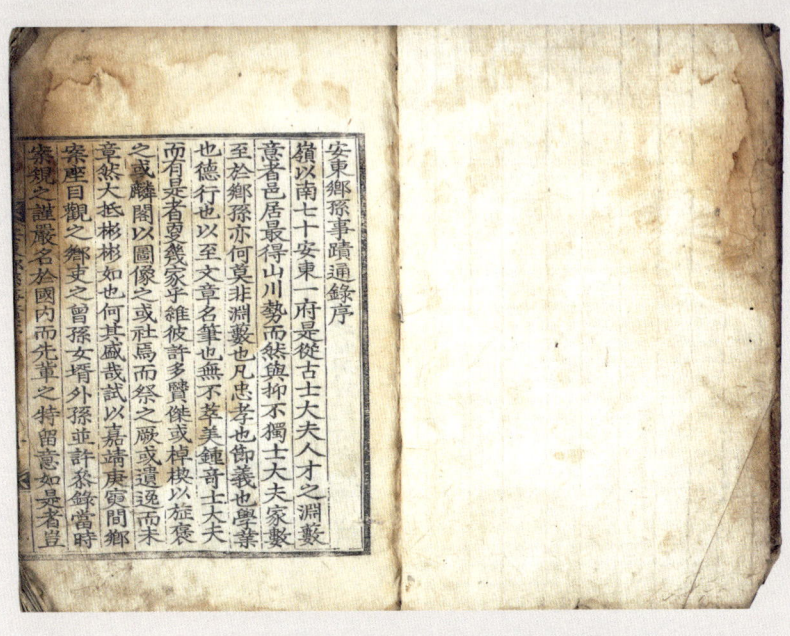

그림 18
『안동향손사적통록』, 국립중앙박물관 소장, e뮤지엄에서 전재

리와의 우호 관계를 유지하기 위해서라 생각된다. 향리가 행정실무를 담당했다는 점에서 비록 명문 양반이라도 무시할 수 없는 처지였다. 이처럼 『안동향손사적통록』의 간행자가 비록 더는 중요 향직을 담당하지 않았다 하더라도 집필진으로 참여하는 것은 현직 향리와의 관계에 긍정적인 영향을 미쳤을 것은 분명하다.[110]

본고에서 더 관심을 갖는 점은 바로 이 책의 편찬자다. 이 책의

편찬은 권영흡, 권용칭, 권이도, 권계위가 주도했다. 주요 향직을 수행하지 않고 풍산면 막곡동에 정착하여 과거에 응시한 자들이다. 『안동향손사적통록』의 편찬도 향리의 훌륭한 행적을 기록함으로써 향리 후손으로서의 영향력을 유지·확장시켜 나가려 한 사업이다. 다시 말해 중앙의 핵심 노·소론 인사들과 남인들을 끌어들여 자신들의 관계망을 과시하여 가문의 위상을 높이고자 하였음을 쉽게 짐작할 수 있다.

지금까지 안동권씨 명문 향리 가계에서 태어났지만 향리라는 이름을 잃어버린 자들의 대처를 알아보았다. 이들은 거주지를 옮겨 자신들의 일족이 모여 사는 동성촌락을 만들었으며, 과거에 응시했다. 또 조상의 기리기 위해 봉강영당이라는 사우와 『안동향손사적통록』이라는 서적을 발간한다. 이러한 활동은 결국 그들의 권위를 유지하기 위해서였다. 이런 행동은 비단 향리 후손만 한 것이 아니다. 조선 후기 지방 양반도 비슷한 방식으로 권위를 만들어 나갔다. 조선 후기 지방 양반이 고위 관료로 진출하기란 거의 불가능했다. 과거에 합격하더라도 서울에서 한직만 떠돌다가 낙향하기 일쑤였다. 그러나 양반은 조선이 사라질 때까지 그들의 권위를 유지할 수 있었다. 한 연구자는 조선시대 양반 조건을 이렇게 규정했다. 첫 번째 과거 합격자, 또는 과거에 합격하지 않았지만 당대를 대표하는 저명한 학자를 조상으로 모시고 있으며 그와 함께 그 조상으로부터의 계보 관계가 명확할 것, 두 번째 동성촌락과 같이 여러 대에 걸쳐 동일한 촌락에 집단적으로 거주하고 있을 것, 세 번째 양반의 생활양식을 보존하고 있을 것. 양반의 생활 양식이란 조상 제사와 손님에 대한 접대를 정중히 행하는 동시에 일상적으로 학문에 힘쓰고 자기 수양을 쌓는 것, 네 번째 대대의 결혼 상대가 앞의 세 가지 조건을 충족하는 집단에서 고를 것, 네 가지 조건을 모두 만족해야만 양반이라고 보았다.[111] 조선시대 지방의 양반도 고위 관직 진출 길이 막히다 보니 조상과 동족의 힘을 빌려야만 했다. 이처럼 향리 직임을 수행하지 못한 향리 후손도 양반과 유사한 방식으로 그들의 권위를 유지하려 했다. 조상을 기리는 사업의 적극성에서 향리 직임을 수행한 자와 그렇지 못한 자의 차이가 두드러지게 보인다. 봉강영당의 건립과 『안동향손사적통록安東鄕孫事蹟通錄』의 발간에 현직 향리의 역할은 거의 드러나지 않는다. 직임을 수행하는 향리들은 조상을 현창하거나 가문의 격을 높이지 않아도 향촌에서 강한 영향력을 행사할 수 있었다. 향리들의 권력은 관청의 공무를 수행하며 생기기 때문이다. 따라서 현직 향리에게는 조상을 높이는 사업이 기분 좋은 일이긴 하지만 필수적인 것은 아니었다. 그러나 향리 직임에서 배제된 자들은 관과의 연결이 끊어졌기 때문에 이러한 일련의 활동이 아니면 그 영향력을 유지할 수 없었다. 이렇게 두 집단의 이해관계가 달라지면서 현실 대응 역시 확연히 달라진 것이다.

이들의 활동을 통해 많은 사람이 향리에서 양반으로 신분 상승했다고 해석할 가능성이 높다. 그런데 막곡동에 정착한 향리 후손들은 향리 직임을 수행하지 않았고, 읍치를 떠났음에도 불구하고 자신들이 향리라는 것을 강조하고 있다. 막곡동에 정착한 향리들이 주축이 되어 발간한 책 『안동향손사적통록』의 제목에도 향리 후손이라는 '향손'을 박아 두었다. 『안동향손사적통록』은 책 이름에서도 알 수 있듯이 안동 향리의 전기를 모은 책이다. 이 책에 수록된 향리는 대부분 안동김씨와 안동권씨다. 총 66명의 향리의 전기가 기록되어 있으며 이 중 36명이 안동권씨이며, 29명이 안동김씨 향리이다. 이곳에 기록된 향리 중 상당수는 영리나 호장과 같은 최상층 향리 직임을 수행했다. 일부는 선비나 진사와 같이 과거 준비를 하거나 과거에 합격한 자들도 보인다. 이처럼 이 책은 안동의 향리 조상 중 행적이 두드러지는 자들을 집대성한 것이다.

향리의 전기를 모아 서적을 발간하는 활동은 다른 지역서도 발견된다. 상주 향리 후손인 이진홍도 『연조귀감掾曹龜鑑』을 편찬했다. 이 책을 편찬한 이진홍 역시 향직을 수행하지 않은 향리 후손이었다. 『연조귀감』 역시 『안동향손사적통록』과 비슷한 내용을 담고 있다. 귀감이 되는 향리의 전기와 향리의 역사가 책의 주요 내용이다. 예천에서도 예천 향리의 전기를 모아 『양양기구록襄陽耆舊錄』[112]이라는 책을 편찬했다. 즉 이들은 읍치를 떠나 과거를 준비했던 향리 후손이었지만 자신들은 향리 후손이라는 정체성을 버리지 않았다. 『연조귀감』의 '연掾' 역시 향리라는 의미이다. 봉강영당 역시 향리로서 큰 공을 세운 권희학을 현창한 사우이다.

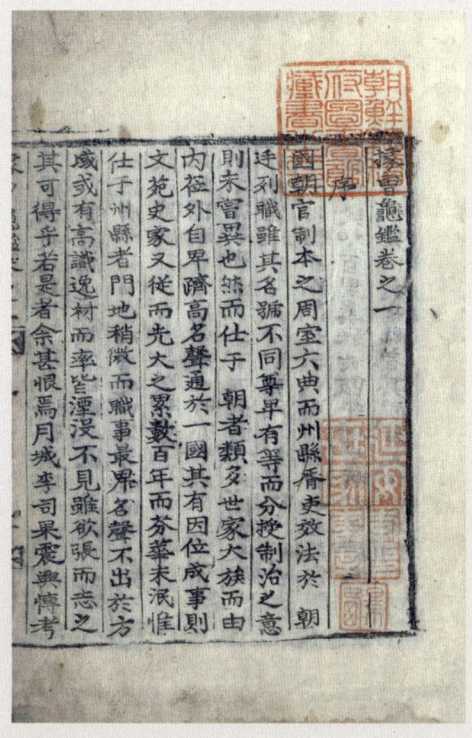

그림 19

『연조귀감』, 국립중앙도서관 소장

이런 활동은 양반을 지향하는 것과는 완전히 다른 것이었다. 조선 전기 양반은 대부분 고려시대 향리의 후손이었다. 이들 중 일부는 계속 향리로 남아 지방 관아의 사무를 담당하며 이족이 되었고, 나머지 일부는 유학을 공부하며 과거를 준비했고 이후 사족이 되었다. 두 집단은 모체가 같았기 때문에 향안에 향리의 본손, 사위, 외손도 입록될 수 있었다. 이처럼 조선 초기에는 사족과 이족 사이에 큰 차별이 없었다. 그러나 시간이 지나며 두 집단 사이에는 동족이라는 의식이 약해졌고, 16세기 후반 이후 향리 후손은 더는 향안에 이름을 올릴 수 없었다.[113] 이 시기 이후 양반과 향리 사이에는 명확한 경계선이 그어졌다. 이런 현상은 조선 후기까지 이어져 향촌에서 인정받는 양반은 향리와 혈연적으로 관계가 없어야만 했다. 그런데 풍산면 막곡동에 정착한 안동권씨 향리 후손은 더 이상 향직을 수행하지 않았음에도 자신을 향리 후손이라 정의 내렸다. 이들은 자신들의 권위를 유지하기 위해 양반의 정체성을 갖는 것이 아닌 훌륭한 향리의 후손으로 남는 것이 더 유리하다 판단했다. 이같이 안동 막곡동에 정착한 안동권씨 향리 후손이 과거를 보고, 사우나 영당을 건립하고, 조상을 기리는 서적을 발간하는 것을 두고 '양반 지향'으로만 해석해서는 곤란하다.

외부에서 바라보는 막곡동 안동권씨 후손 역시 크게 다르지 않았다. 바로 이들의 혼반을 확인해 보는 것이다. 안동권씨 족보를 통해 막곡동으로 이거해 과거에 합격한 3명의 아들과 손자의 혼반을 확인해 보았다. 총 52명의 배우자를 확인할 수 있었는데 이들의 성관은 〈표 4〉와 같다. 그러나 이들의 가계를 일일이 확인하는 것은 쉬운 일이 아니었다. 왜냐하면 이름만으로는 방대한 족보에서 특정 인물의 가계와 파를 찾아내는 것이 사실상 불가능하기 때문이다. 배우자 가계를 비록 정확하게 파악할 수는 없었지만, 대충은 어떤 집단과 혼인 관계를 맺었는지 추측할 수 있었다.

〈표 4〉 막곡동 거주 안동 권씨 과거 합격자 자손의 혼반

배우자 성관	인원
안동安東 김金	4
성주星州 도都, 인동仁同 장張, 순흥順興 안安, 문소聞韶 김金, 흥해興海 배裵	3
동래東來 정鄭, 영양英陽 남南, 경주慶州 이李, 진성眞城 이李, 일직一直 손孫, 평산平山 신申	2
강릉江陵 김金, 경주慶州 김金, 공주公州 이李, 금녕金寧 김金, 단양丹陽 우禹, 달성達城 서徐, 진성眞城 오吳, 봉화奉化 금琴, 상산商山 김金, 순천順天 김金, 영해寧海 박朴, 예안禮安 김金, 예천醴泉 임林, 완산完山 이李, 월성月城 손孫, 은진恩津 송宋, 청도淸道 김金, 축산竺山 전全, 평해平海 황黃, 함양咸陽 박朴, 박朴 씨(본관 미상)	1

* 비고: 밑줄 친 성관은 「좌수별감안」에 단 한 번도 등장하지 않은 성씨

조선 후기 안동의 향안과 『좌수별감안座首別監案』에는 대략 46개 성씨와 80여 성관이 등장한다. 이들을 안동 향촌사회의 지배집단으로 이해하여도 전혀 문제가 되지 않는다. 그러나 이들 가운데 17, 18세기 이후 등장하지 않거나 새롭게 편입되는 20개 성씨는 수적으로 거의 무시해도 무방할 정도이다. 반면에 9개 성씨, 즉 안동권씨, 의성김씨, 영양남씨, 풍산류씨, 전주류씨, 예안이씨, 진보이씨, 고성이씨, 청주정씨는 향안 등재자와 좌수 별감, 대소과 합격자의 80%정도를 차지한다. 이들을 안동 사회의 유력한 양반 가문이라고 보아도 무방하다.[114]

〈표 4〉에서 확인할 수 있는 배우자 52명의 성관과 안동 향촌 사회 양반 성씨를 비교해 보면 그들이 양반가와 혼반이 닿았는지 알 수 있다. 의성김씨, 영양남씨 등과 같이 향촌 사회를 주도하던 성씨가 없는 것은 아니지만, 대부분은 안동의 유력 양반 가문이 아니다. 특히 밑줄 친 16개 성관은 아예 향안과 『좌수별감안』에 한 번이라도 등장한 80개의 성관과도 겹치지 않는다. 즉 읍치에서 막곡동으로 거주지를 옮긴 안동권씨 향리 자제들의 혼반은 안동의 양반가에 닿지 않았다. 안동의 상층 향리는 주로 향리 가문과 대대로 혼인 관계를 맺어 왔다는 점과[115], 3-4명과 혼인을 한 안동김씨, 성주도씨가 각 지역에서 유력 향리 가문임을 생각한다면 의성김씨, 영양남씨

도 명문 양반가 출신이라고 보기는 어렵다. 이들은 과거에 합격하고 사우를 건립하며 높은 사회적 지위를 유지할 수 있었다. 그러나 여전히 안동의 양반들은 그들을 동격으로 파악하지 않았음을 알 수 있다. 따라서 지방에서 인정받는 양반이 되었느냐를 성공의 기준으로 잡는다면 막곡동에 정착한 안동권씨 향리 후손은 실패에 가까웠다. 그런데 이들은 애초에 양반을 노리지 않았는지도 모르겠다. 왜냐하면 자신들의 출신을 숨기지 않았기 때문이다. 향리 후손이라는 점을 당당하게 내세웠다.

양반을 기준으로 이들을 본다면 분명 실패라 말할 수 있다. 그러나 사회적 지위를 유지하는 것을 기준 삼는다면 다른 평가가 가능하다. 안동권씨 향리 후손들이 막곡동에 정착한 후 20세기 초반까지 이 마을에서 높은 위상을 가졌던 것이 확인된다. 『안동군 토지조사부』에 따르면 풍산면 막곡동에 거주했던 토지 보유자는 83명이고, 그 가운데 43명이 권씨이다. 막곡동에 거주한 토지소유자는 총 83명이고 이들의 토지는 모두 299,677평이다. 그 중 74%에 해당하는 220,342평이 권씨 소유지였다. 즉 막곡동에 거주한 안동권씨 향리 후손들은 처음 정착한 뒤 100여 년이 지난 1914년까지 이 마을에서 압도적인 경제력을 보유했다. 물론 조선시대 경제력이 사회적 위상과 완벽하게 일치하는 것은 아니지만 연관이 전혀 없다고는 볼 수 없다.

지금까지 막곡동에 정착한 안동의 향리 후손의 행적을 추적해 보았다. 모든 향리 후손이 이런 과정을 거칠 수는 없다. 본고의 연구 대상인 안동권씨 향리 후손이 향촌에서 여러 활동을 하고 후대에 자료를 남길 수 있었던 것은 바로 그들의 경제력이 결정적인 역할을 했던 것으로 생각된다. 이들이 과거에 합격하고, 조상을 기리는 여러 작업을 할 수 있었던 것은 이들의 능력이나 재능이 출중한 점도 있었겠지만, 다른 가계와는 구분되는 경제력도 큰 작용을 했을 것이다. 향리 직임을 수행하지 못하게 된 상황은 같지만, 그들은 대대로 영리를 배출한 유력 향리 가문의 후손이었기 때문에 여타 향리 가계와는 비교할 수 없는 부를 물려받았다. 즉 출발점이 달랐다.

이들의 경제력은 권창질과 그의 아들 영흡에게 발급된 준호구를 통해 대강을 파악할 수 있다. 권창질과 권영흡에게 발급된 준호구와 호구단자는 모두 5건이 전해지고 있다.[116] 대부분 훼손이 심해 그 내용을 모두 파악할 수 없으나, 1792년 권창질에게 발급된 준호구는 전체 내용이 온전하다. 권창질은 영리를 역임했으나 그의 아들 영흡은 주요 향직을 수행하지 못했다. 1792년 당시 권창질의 나이는 62세로 그는 총 42구口(노奴 22, 비婢 20)의 노비를 소유하고 있었다. 직접적인 비교는 어렵겠지만 비슷한 시기 경상남도 곤양에서 향직을 수행한 경주최씨의 경우 소유 노비의 수가 가장 많을

때 12구에 지나지 않았으며,[117] 초계의 향리 변씨는 18구 이상을 소유하지 못했다.[118]

막곡동에 정착한 향리 후손은 영리를 여러 대 역임한 가계에서 태어났기 때문에 높은 경제력을 보유한 향리라 볼 수 있다. 게다가 이들은 다른 지역 향리에 비해 많은 노비를 확보하고 있었다. 이들은 상급 향직은 물려받지 못했지만, 최소한 부는 물려받았다고 볼 수 있다. 이러한 경제적 기반을 토대로 이들은 과거에 집중할 수 있었던 것으로 보인다. 반면 향리 후손 가운데 향리 직임을 수행하지 못한 향리 후손은 평범한 농민으로 전락했을 가능성이 높다.

5

개항과
향리 후손의 대응

개항 이후 향리 후손의 인상적인 사회 진출

조선시대는 사회 이동이 광범위하게 일어나기 어려운 사회였다. 개인의 능력보다는 조상의 지위가 더 중요했으며, 대다수 농민은 생계유지에 급급했기 때문이다. 그러나 개항 이후 신분제는 공식적으로 소멸했고, 보통 교육이 보급되며 사정은 크게 달라졌다. 특히 해방 이후 한국 사회는 급속한 성장을 이룩했다. 이 과정에서 어떤 계층의 후손이 근대 이후 사회 진출에 유리했는지에 관심 가지기 시작했다. 일각에서 향리 후손에 주목하는 연구가 진행되었다.[119]

향리 후손의 개항 이후 사회 진출에 가장 먼저 주목한 사람은 아마 이기李沂였을 것이다. 그는 일제의 침략이 본격화되던 시기 계몽운동가로 활동했으며, 황현黃玹·이정직李定稷과 함께 호남 삼절三絶로 불릴 만큼 시, 서예, 그림 모두 뛰어난 인물이었다. 그는 『호남학보湖南學報』 논설論說에 이렇게 글을 실었다.

> 내가 알기로는 여러분의 자제子弟들을 양반집 도령님[道令主](나라의 풍속에 상민이 선비의 미성년 자식을 부를 때 도련님이라고 한다)이라고 부르는데, 양반집 도련님을 어찌 장교와 향리의 자식과 함께 공부를 시킬 수가 있겠는가 하

며 그들을 학교로 보내지 않았다. 그렇다면 10여 년도 지나지 않아서 저 장교와 향리의 자식은 학교를 졸업하고 군주사郡主事·지방위원地方委員·군수郡守·재판소서기裁判所書記·판사判事·검사檢事 및 관찰사觀察使가 되겠지만, 그 도령님들은 결국 일반인의 대열을 벗어나지 못하고 그들 앞에서 엎드려 그들의 명령을 따르게 될 것이다. 그때는 비록 후회해도 소용이 없을 것이다.[120]

『호남학보』의 논설 독자는 주로 양반이었던 것 같다. 학교가 생겨나고 근대 교육이 본격적으로 도입되며 교육의 기회가 많아졌다. 그러나 장교, 향리 후손과 함께 수학하기 싫다는 이유로 대다수 양반은 그들의 자식을 근대 학교에 보내지 않았던 것같다. 일반적으로 조선시대 양반의 자식은 주로 삼촌이나 할아버지와 천자문, 동몽선습 등을 읽으며 글을 떼고, 나이가 들면 학문이 뛰어난 스승을 찾아가 사제관계를 맺고 공부했다. 양반은 일제 강점기에도 이런 교육 방법을 고수했을 것이다. 반면 장교나 향리의 자제는 개항 이후 설립된 근대 학교에 다니며 엘리트 코스를 밟았다. 이기의 예상대로 근대 이후 향리 후손은 꽤 주목할 만한 사회 진출을 이룩했다. 1925년 300여 개 군수 가운데 향리 후손이 260명을 차지했으며,[121]

해방 후 선출된 국회의원 중 다수도 향리 후손이라는 주장도 제기되었다.[122] 최근에도 근대 이후 다수의 향리 후손의 인상적인 사회 진출 사례가 보고되며 더욱 설득력을 얻게 되었다. 우선 학계에 보고된 경남 지역 향리 후손을 한번 살펴보자.

경상남도 언양의 경우 해주오씨 가문에서 향리를 다수 배출했다. 그 후손 가운데 소설가 오영수(1909~1979)와 국회의원을 역임한 오위영(1901~1978)이 근대 이후 행보가 주목된다. 오영수는 1933년 오사카[大阪] 나니와[浪速] 중학교를 졸업하고 1941년 도쿄[東京] 고쿠가쿠인 대학[國學院大學] 국민예술학원 전문학사를 졸업했다. 한국문인협회상·아시아 자유문학상을 받았으며, 저서로 단편집 『머루』· 『갯마을』·『메아리』, 『오영수 전집』 등 5권이 있다. 2014년에는 그의 업적을 기리기 위해 울산에 오영수 문학관이 개관되기도 했다. 오위영은 일제강점기의 금융인이자 대한민국의 금융인, 정치인으로 국회의원을 지냈다. 그는 일본 고베[神戶]대학을 졸업하고 진해군 금융조합 이사를 역임했고 그 경력으로 미군정기에는 신탁은행의 이사로 선임되기도 했다. 이후 울산에서 제2·4대 국회의원을 경상남도에서 5대 참의원을 지낸 바 있다. 또한, 외국 문학의 선구자로 알려진 정인섭(1905~1983)도 향리 후손이었다. 정인섭은 동래정씨로 양산의 대표적인 향리 가문이었다. 조부가 양산에서 언양으로 이주해 읍치에 정착하며 해주오씨 향리 가문과 혼인 관계를 맺기도 했다. 정인섭은 1929년 와세다 대학 영문과를 졸업하고 평단 활동을 시작했다.

양산에는 경남 지역 개신교 수용에 큰 역할을 한 정준모(1860~1935)가 눈에 띈다. 그 역시 양산의 향리 출신이다. 그는 양산의 첫 교회인 양산교회 설립에 관여했으며, 성경을 주제로 지은 한문 시집인 『경제사율』을 편찬한 바 있다.

웅천에도 근대 이후 향리 후손의 인상적인 활동이 보인다. 웅천 향리는 사립 개통소학교開通小學校를 건립하였다. 웅천 향리 후손인 주기철(1897~1944)은 개통소학교를 거쳐 향리가 건립한 평안북도 정주의 오산학교五山學校를 졸업한 뒤 목사가 되었다. 그는 일제강점기 마산 문창교회, 평양 산정현교회 등에서 목회했으며, 신사참배에 대한 강한 반대 뜻을 표명하며 수감 생활을 하다 목숨을 잃었다. 주기용(1897~1966)은 주기철과 사촌 사이로 정주의 오산학교 교장을 역임하고 해방 후 제헌 국회의원을 지낸 바 있다. 그는 정주 오산고등보통학교, 일본 세이소쿠[正則] 영어학교, 1927년 도쿄고등사범학교 이과 제1부 수학과를 졸업하였다. 해방 후 1948년 제헌 국회의원 선거에서 경상남도 창원구에 출마하여 당선되었다.

오늘날 부산에 속하는 기장에도 향리 후손 중 주목할 만한 인물이 배출되었다. 북조선노동당 위원장을 지낸 김두봉(1889~1960)이 기장 향리 가문 출신이다. 그는 한글학자 주시경의 제자로 유명했으며, 임시정부에서도 활동한 바 있다. 김두봉의 사촌 김약수(1893~1964) 역시 주목할 만하다. 그는 일제강점기의 사회주의 계열 독립운동가, 통일운동가이며, 1948년 제헌국회 투표에서 경상남도 동래 선거구에 출마해 당선되었고 초대 국회부의장에 선출되었다. 동래에서도 비슷한 사례가 보인다. 동래의 향리 노년 조직인 기영회耆英會에서 근대 학교를 건설하는 데 앞장섰다. 의열단 김원봉의 배우자인 박차정(1910~1944)도 동래 향리 후손이다. 김원봉 역시 밀양의 향리 가문 출신이다.[123]

대지주로 성장한 사례도 보고되었다. 전남 동복에서는 읍권을 장악하고 있던 향리 후손인 오건기는 근대화 과정에서 큰 부를 축적했으며 전남 화순과 동복 지역에서 대지주로 성장하였다.[124] 전남 곡성의 주요 향리 가계인 금성錦城 정씨丁氏, 남원南原 양씨梁氏 가문이 19세기 후반 대지주로 성장한 뒤 일제강점기의 변화한 세상에 빠르게 적응한 사례도 있었다.[125]

이처럼 학계에 향리 후손의 인상적인 사회 진출 사례가 여럿 보고되었다. 여기서 주의해야 할 점은 이 사례를 지나치게 확대하여 해석하지 않는 것이다. 가령 향리 후손이 근대 이후 가장 성공적인 사회 진출을 이룬 집단이라거나, 이들이 해방 이후 한국 사회 근대화의 주역이라는 의미로 해석해서는 안 된다. 사실 이것은 논증할 수 없는 명제이다. 근대 이후 '성공적인 사회 진출' 혹은 '근대화의 주역'이라는 표현 자체가 너무 주관적이기 때문이다. 그 누구도 '성공' 혹은 '주역'의 범주를 정할 수 없다. 일제강점기 군수와 독립운동가 혹은 해방 후 국회의원과 민주화 운동가 중 누가 더 성공적인 근대 경험을 했는가에 대한 답을 할 수 있을까. 자본가 계층과 노동자 계층 모두 한국 사회의 눈부신 약진의 주역이다. 단지 근대 이후 향리 후손 가운데 주목할 만한 사회 진출을 한 인물이 다수 발견되는 것은 사실이며, 그 원인을 조선시대 향리 집단의 특징을 통해 알아보자는 의미이다.

조선시대 향리의 특징

첫 번째, 실무 능력

조선시대 향리의 첫 번째 특징은 바로 그들이 업무를 수행하며 생긴 능력이다. 조선시대 향리는 관청 업무를 처리하며 문서 작성, 법률, 셈 등 행정에 필요한 능력을 갖췄다. 이것은 조선시대에는 천한 능력으로 취급받았지만, 근대 이후 그 평가가 정반대로 바뀌었다. 반면 양반이 능했던 사서삼경四書三經과 성리학은 근대 이후 상대적으로 활용도가 낮았다. 향리는 또 중재 능력도 갖췄다.[126] 향리는 조선시대 독특한 위치에 있었다. 위로는 지방 관청과 양반을, 아래로는 백성의 사이에서 중간 고리 역할을 했다. 향리는 세금 수취를 전담하며 국가와 지방 관청에서 설정한 액수를 걷어야만 했다. 게다가 수세 대상에는 자신보다 높은 지위를 가졌던 양반도 포함된다. 또 해당 마을의 대부분을 차지했던 가난한 농민들의 사정을 봐가며 세금을 걷어야만 했다. 19세기 이후 부세 수취의 과정에서 향리가 비리를 엄청나게 저지르며 부정한 이익을 거두었다고 알려져 있다. 물론 부세 수취 과정에서 부정하게 이익을 남긴 향리도 분명 있었겠지만, 다소 과장된 측면도 분명 존재한다. 조선시대 세금 수취 방식을 보면 제도적인 허점이 분명 존재했다.

조선 후기 조선 정부는 돈이나 곡물을 나누어준 뒤 이자를 받는 방식으로 국가 세금을 수취했다. 조선 후기 환곡이 이런 방식으로 운영된 대표적인 세금이다. 정부는 백성에게 돈과 곡식을 빌려주고, 일정 시간이 지난 후 이자를 거두어 국가 예산에 충당하고자 했다. 환곡뿐만 아니라 조선 후기 계와 같은 모임에서도 식리殖利 활동을 통해 운영자금을 확보하고자 했다. 단순히 보았을 때는 쉽게 돈을 불릴 수 있을 것처럼 보이지만 현실은 결코 생각처럼 움직이지 않았다.

　우선 조선의 근간인 농업은 생산성이 매우 불안정했다. 농업은 날씨의 영향을 크게 받기 때문에 가뭄과 홍수로 농사를 망치면 많은 백성은 생계유지조차 힘들어졌다. 당연히 이자를 갚는 것은 생각조차 어렵다. 이렇게 갚지 못한 이자와 원금은 해마다 불어나, 설령 풍년이 들어도 한 번에 갚을 수 없다. 또한, 인구 이동도 활발해 다른 지역으로 이주한 사람들에게서 이자를 받을 수 없는 경우가 많았다. 평균 수명이 짧았던 조선시대에는 돈과 곡식을 빌린 사람이 사망하는 일도 비일비재했다.[127]

　이처럼 세금을 수취할 수 없는 상황이 자주 발생했다. 수취하지 못한 세금은 결국 부세 수취 담당자인 향리가 부정하게 취득한 것으로 간주되었다. 장부에는 돈을 갚았다고 하지만 실제 그 돈은 존재하지 않았다. 이런 것을 '포흠逋欠'이라고 했는데, 조선 후기 향리의 포흠은 어마어마했다. 일례로 1862년 농민항쟁 시기 진주에서는 전체 환곡의 60%에 해당하는 28,649석이 사라졌다. 이 곡식은 수령과 향리가 착복한 것으로 보고되었다.[128] 진주만이 아니라 전국의 사정이 비슷했다. 향리로서는 억울할 수밖에 없는 일이었다. 국가와 정부는 향리에게 세금을 제대로 수취하라고 지속해서 압박을 가했지만, 세금 납부자인 백성은 세금을 낼 여력이 없었다. 그렇다고 상대적으로 부유한 양반에게 강제로 더 많은 세금을 걷는 것도 현실적으로 불가능했다.

이처럼 조선시대 향리는 지배층과 피지배층 사이에서 쉽지 않은 임무를 수행하며 다양한 능력을 갖출 수 있었다. 조선시대의 이러한 임무 수행을 통해 생긴 능력은 근대 이후에도 그들의 큰 무기로 작용했을 것이다.

두 번째, 낮은 동족 결집력

조선시대 향리가 가진 또 다른 특징은 바로 상대적으로 낮은 동족 결집력이다. 그렇다면 향리의 동족 결집력은 왜 약했으며, 이를 어떻게 확인할 수 있을까. 향리의 동족 결집력이 약했던 이유는 가계 내부의 경쟁에서 비롯되었다. 향리 내부의 경쟁이 발생한 이유는 바로 향리의 수가 정해져 있었기 때문이다. 각 마을은 향리 정원을 정하고 그 수를 넘지 않으려 노력했다. 따라서 상층 향리 가계에 태어났다 할지라도 모두 향리가 될 수 있었던 것은 아니다. 그런데 향리들이 향촌에서 영향력을 행사할 수 있었던 가장 큰 원동력은 바로 향리 직임을 수행하고 있었기 때문이다. 만약 향리에게 여러 명의 아들이 있다면 누구에게 자신의 직임을 물려주었을까? 안동 사례를 통해 알아보자.

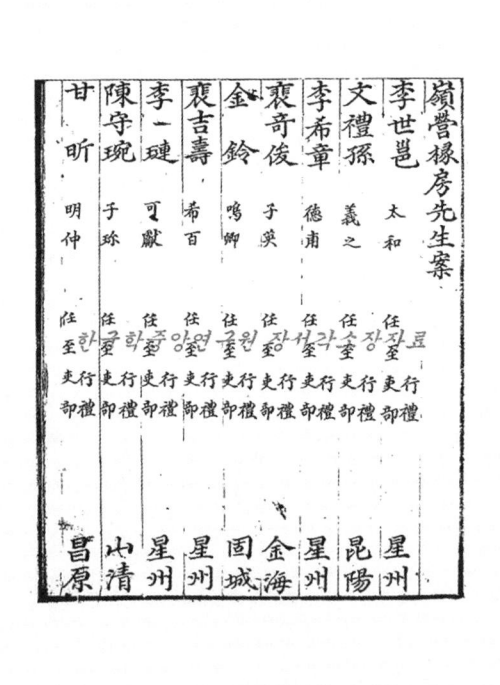

그림 20
『영영연방선생안』,
한국학중앙연구원 장서각 소장

안동은 앞서 살펴본 대로 향리의 위세가 강한 지역이었다. 가장 권한이 강한 감영의 향리를 다수 배출했다. 안동의 최고 명문 가계인 동정공파 권징權澂 후손은 감영의 영리를 가장 많이 배출한 핵심 가계였다. 안동권씨 징 후손은 누구에게 자신의 직임을 물려주었는지 분석해 보았다. 이 작업을 위해 안동권씨 족보와 향리의 명단이 적힌 선생안[129]을 활용했다.

<표 5> 안동권씨 동정공파 징 후손의 영리직 계승

(단위: 명)

계승형태\세대	23~24	24~25	25~26	26~27	27~28	28~29	29~30	30~31	31~32	합계
장자 계승	1	1	2	2	4	1	7	6	5	29(55%)
차자 계승		1	1	2	1	2	1	4		11(21%)
삼남 이하 계승			1	1	2		2		1	7(12%)
기타				1	1	1	2			6(12%)
합계	1	2	4	6	8	4	12	10	6	53(100%)

* 비고: ① 장자, 차자, 삼남 이하 계승은 아버지와 할아버지에게서 계승된 경우를 그 대상으로 했다.
② '기타'는 향역이 아버지나 할아버지에게서 계승된 것이 아닌 경우이다.

장자 계승의 경우 영리 직이 장자에게 전승된 것이고, 장자가 비록 영리직을 수행하지 못하고 장손으로 전승된 경우도 장자 계승으로 보았다. 직계 자손에게 영직이 계승되지 않은 나머지 경우는 기타에 포함했다. 안동권씨의 영리직은 대부분 직계 자손에게로 이어졌다는 것을 확인할 수 있다. 그리고 직계 자손 가운데 특히 장자 중심으로 계승이 되었다. 반면 기타에 해당하는 6명(11%)만이 아버지의 후광을 입지 않고 영리직을 수행할 수 있었다. 아버지나 할아버지가 영리가 아닌 자의 후손은 향리가 되기 매우 어렵다는 것을 보여준다. 이처럼 명문 향리 가계의 후손이라 할지라도 향직을 수행하지 못한 채 몇 세대가 지나게 되면 더는 향리로서 존재할 수 없게 된다. 이런 상황은 결국 가계 간 갈등과 분쟁의 씨앗이 되기 쉽다. 앞서 살펴본 함안에서 남당과 북당 모두 조씨를 이방으로 추천했다. 즉 같은 성씨라도 계파와 당색에 따라 경쟁하고 대립하는 관계가 된다. 향리 직임이라는 이권을 두고 승리한 가계와 패배한 가계는 반목할 수밖에 없다. 이러한 경쟁과 분화는 결국 향리 가계의 결속과 통합을 방해하는 요인으로 작용하게 되었다. 또 대에 걸쳐 향리 직임을 독점하는 가계와 그렇지 못한 가계 사이에 경제적 분화도 일정하게 진행되었을 것임을 충분히 예상해 볼 수 있다.

반면 조선시대 양반은 동성촌락, 족보 편찬, 대동 항렬자 사용 등에서 드러나듯 친족의 범위가 넓고 결속력도 강했다. 이러한 현상은 유교의 영향도 컸지만 동시에 이해관계도 반영된 결과였다. 조선시대 양반이 동족과 결속력을 강화했던 이유는 자신들의 권위와 위세를 유지하기 위해서였다. 특히 조선 후기 관직 진출이 어려워진 지방 양반들은 동족 간의 결속을 통해 영향력을 확대하려 했다. 그들은 동성촌락을 형성했고, 족보 편찬과 제사 등을 통해 양반의 권위를 유지해 나갔다. 조선 후기에 들어 기존 양반의 권위에 도전하는 신흥 양반 세력이 등장하며 친족 간 유대는 더욱 강화되었다. 그러나 향리의 경우는 상황이 달랐다. 향리 직임을 수행하는 자와 그렇지 못한 자는 세대가 거듭될수록 사회적 지위의 격차가 벌어지게 되었다. 이러한 차이는 그들의 거주형태와 항렬자 사용 범위에서 뚜렷하게 나타난다.

향리는 수령을 보조하며 관아의 제반 업무를 수행했기 때문에 읍치에 거주했다.[130] 만약 향리 내부의 결속력이 높다면 읍치에서 같은 성씨나 같은 파끼리 인접하여 거주했을 것이다. 조선시대 안동의 읍치는 부내면에 있었다. 향리의 거주형태는 1914년 작성된 『토지조사부』와 지적도를 통해 확인할 수 있다.

일제는 토지세를 효율적으로 징수하기 위해 1910년부터 토지조사 사업을 시행했다. 『토지조사부』는 일제가 1910년부터 시행한 토지조사사업의 결과물이다. 토지조사사업을 진행하며 토지의 위치 및 경계를 기록한 지적도도 만들었다. 『토지조사부』에는 다양한 정

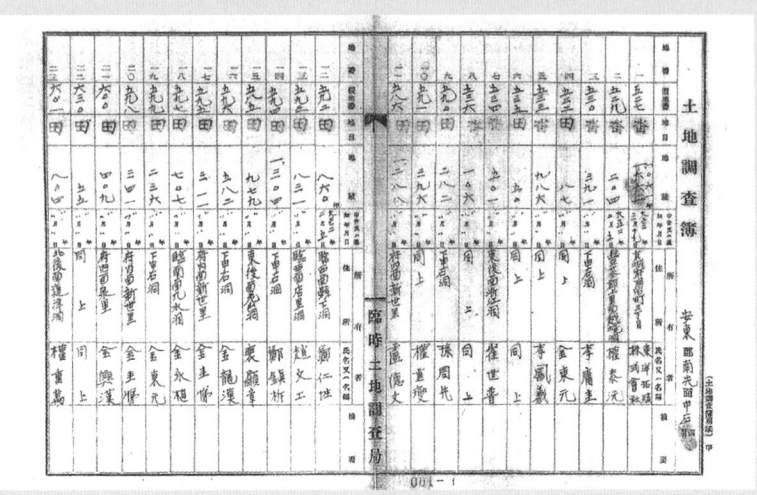

그림 21
「안동군 토지조사부」, 한국학자료센터

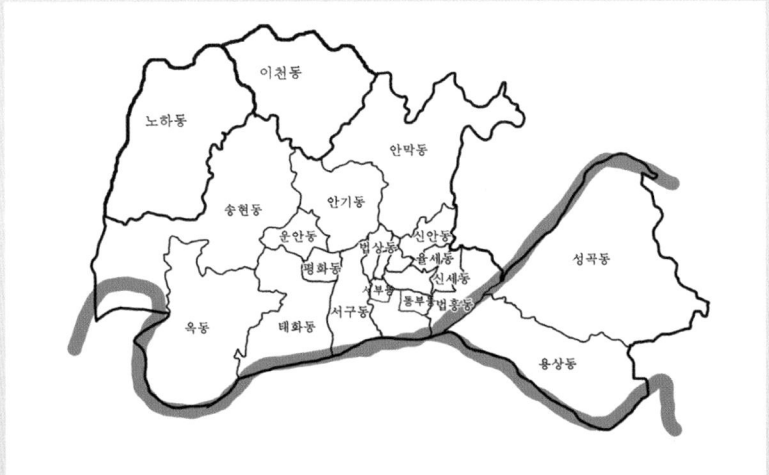

그림 22
안동 부내면 지도

보가 기록되어 있다. 토지 종류[地目], 면적[地積], 신고 및 통지 날짜, 토지 소유자 주소와 이름이 기록되어 있다. 특히 토지 종류에 밭, 논, 임야뿐만 아니라 집터[家垈]도 조사해 두었다. 따라서 『토지조사부』와 지적도를 활용하면 거주지를 알 수 있다.

『토지조사부』는 1910년대 초에 만들어진 자료로, 조선시대와는 시간상으로 다소 간격이 있다. 특히 그사이에는 민란, 동학농민운동, 개항과 같은 큰 사건들이 발생했다. 따라서 1910년대 초와 19세기 사이에는 상당한 차이가 있다고 생각할 수 있다. 그러나 그동안 격변의 소용돌이에 휘말리지 않고 안정적인 전통 사회를 유지한 지역도 분명 존재했다. 그 대표적인 지역 중 하나가 경상북도 안동이다. 안동은 1862년 임술민란이 일어나지 않은 지역이며, 1894년에 발발한 동학농민운동 때도 별다른 사건 없이 지나갔다. 게다가 개항장과 거리가 멀었으며, 양반을 중심으로 하는 향촌 질서가 개항 이후에도 유지되었다. 따라서 안동군 『토지조사부』의 내용을 19세기의 것으로 소급해도 큰 무리가 없다고 판단된다.

안동 부내면의 동리 구분은 〈그림 22〉와 같다. 부내면의 여러 동리 가운데 향리가 많이 거주한 마을을 찾아야만 한다. 조선시대 향리의 거주지를 『분봉기分封記』[131]라는 자료를 통해 확인할 수 있다. 『분봉기』는 삼공형으로 승진할 때 감사의 증표로 내던 돈을 기록한

문서이다. 『분봉기』에는 19세기 약 50년 동안 돈을 낸 안동 지역 향리들의 성과 직책, 거주 동리가 적혀 있다. 그 결과 〈표 6〉과 같이 총 72명의 거주 동을 확인할 수 있었다.

〈표 6〉 『분봉기』의 권씨와 김씨의 거주지

권씨		김씨	
거주동	인원	거주동	인원
법곡	18	법곡	7
신세	12	성곡	3
성곡	11	리동	3
율리	6	당북	2
교동	1	율리	2
당북	1	광석	1
옥리	1	교동	1
		금곡	1
		신세	1
		옥리	1
합계	50	합계	22

1914년 행정구역 통폐합으로 인해 지명의 변동이 있어 『분봉기』와 『토지조사부』의 지명과 일치하지는 않지만, 대강을 살펴보는 데는 큰 문제가 없다. 『분봉기』에 향리들이 많이 거주한 것으로 나타난 지명을 『토지조사부』가 작성된 시기의 지명으로 바꾸면 법곡은 법상동, 성곡은 용상동, 율리는 율세동이다.[132] 즉 안동의 상층 향리를 독점했던 안동권씨와 안동김씨가 가장 많이 거주하는 곳은 바로

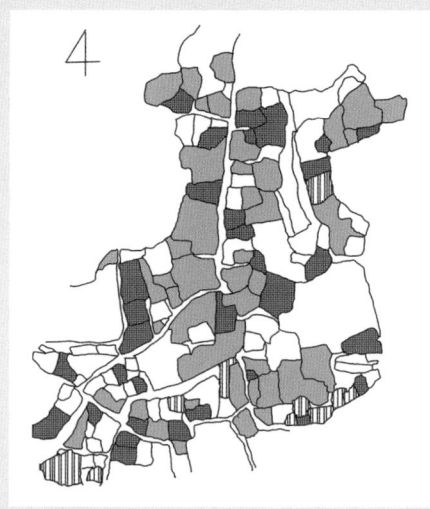

그림 23

법상동 향리 거주지 분포

* 비고 ▨▨ = 권씨
　　　 ▦▦ = 김씨
　　　 ∥∥∥ = 타성

그림 24

하회동 집터 분포

* 비고 ▨▨ = 풍산류씨
　　　 ∥∥∥ = 타성

그림 25

천전동 집터 분포

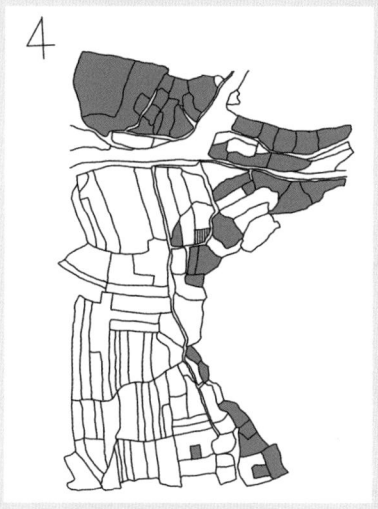

* 비고 ▨▨ = 의성김씨
　　　 ∥∥∥ = 타성

법상동이다. 법상동에 거주하는 권씨와 김씨의 집터를 〈그림 23〉으로 나타내 보았다.

향리들의 거주지로 알려진 법상동을 살펴보면 권씨·김씨의 집터가 다수를 차지하고 있는 것을 확인할 수 있다. 그러나 그 분포를 확인하면 권씨·김씨·타성이 섞여 살고 있어 동일 성씨끼리 결속되어 살지 않음을 알 수 있다.

반면 안동의 저명 향리가 거주했던 지역은 그 양상이 완전히 다르다. 안동의 대표 양반 마을 두 곳의 집터를 분석해 보았다. 하회동은 서애西厓 류성룡柳成龍의 후손인 풍산류씨가 모여 살았던 마을이다. 잘 알려져 있듯이 하회마을은 안동의 대표적인 양반 마을이다. 천전동은 내앞마을이라고도 불리는 곳으로 학봉鶴峯 김성일金誠一의 후손인 의성김씨의 마을로 유명하다. 김성일 역시 이황의 대표적인 제자이자 임진왜란 당시 큰 공을 세운 바 있다. 하회동과 천전동은 타성의 집을 거의 발견할 수 없을 뿐만 아니라 가까운 지역에 옹기종기 모여 사는 것을 확인할 수 있다.

이런 양상은 항렬자 사용에서도 그대로 드러난다. 항렬자는 친족집단 내에서 같은 세대에 있는 구성원끼리 같은 글자를 쓰는 것을 의미한다. 친족의 결속력이 강하다면 그 범위가 넓어지며 약하다면 그 범위가 좁아진다. 오늘날에는 항렬자를 만드는 집안도 그리 많지 않으며, 사용 범위도 그다지 넓지 않다. 당연히 오늘날 친족의 결속력이 약해진 결과이다.

〈표 7〉 향리가 항렬자 사용 양상

가계 세대	항렬자 개수	징 후손(향리) 대표 항렬자 사용 인원
24	1	2/2(100%)
25	2	3/6(50%)
26	2	13/16(81%)
27	2	30/37(81%)
28	3	35/58(60%)
29	3	68/102(67%)
30	4	73/175(42%)
합계		224/396(57%)

그렇다면 향리의 항렬자 사용을 살펴보자. 앞서 살펴본 대로 안동권씨 징 후손은 고위 향리 직임을 대거 배출한 가계다. 이들은 세대가 지나며 항렬자의 개수가 늘어나고 대표 항렬자의 사용 인원도 50% 정도에 달한다. 이러한 수치도 안동권씨 징 후손이 고위 향리 직임을 다수 배출했기에 이 정도 숫자를 기록했다. 이 가문보다 상대적으로 급이 낮은 향리 가계는 항렬자의 숫자도 늘어나며 대표 항렬자의 사용 인원도 줄어든다.[133]

<표 8> 양반가 항렬자 사용 양상

가계 세대	항렬자 개수	류성룡 후손(양반)
		대표 항렬자 사용 인원
13	1	1/1(100%)
14	1	6/6(100%)
15	1	10/10(100%)
16	2	13/30(43%)
17	2	42/47(89%)
18	2	64/84(76%)
19	3	71/113(63%)
20	3	150/166(90%)
21	2	211/218(97%)
합계		568/675(84%)

반면 하회마을에 살았던 풍산류씨는 결속력이 매우 높았다. 류성룡 후손 전체 675명 가운데 568명이 대표 항렬자를 사용했다. 안동 권씨 향리 가계는 세대를 거듭하며 항렬자 사용 비율이 낮아지는 경향을 확인할 수 있다. 즉 촌수가 멀어진 친척들과도 항렬을 사용하며 동족이라는 유대로 결속하는 모습이 아니라 좁은 단위에의 결속이 보이는 것이다. 반면 류성룡의 후손은 간혹 특정 세대에서 낮은 비율이 나타나더라도 다음 세대에 다시 높아진다. 항렬자를 통해 양반가에서는 촌수가 멀어진 가계원도 중시조를 중심으로 결집 양상을 확인할 수 있지만, 향리 가계에서는 지속적인 가계원의 이탈과 분화를 발견할 수 있다.

개항 이후 조선에도 제국주의의 침공이 시작되었다. 결국 조선은 국권을 잃고 식민지배를 경험하게 되었다. 이 과정에서 개인은 다양한 선택을 할 수 있었다. 양반 중 일부는 독립운동에 헌신했다. 대한민국 임시정부 초대 국무령을 지낸 석주石洲 이상룡李相龍은 안동의 유명 명문가 출신이다. 우당友堂 이회영李會榮과 그의 여섯 형제는 전 재산을 처분하고 만주로 이주해 독립운동을 했다. 이회영 역시 이항복의 후손으로 유명한 명문 양반 가문이었다. 모든 양반이 이상룡과 이회영과 같이 자신의 모든 것을 걸고 독립운동을 한 것은 아니었다. 다만 동족 간의 결집력이 높은 양반가에서 구성원 중 누군가 독립운동에 참여한다면 나머지 구성원도 자유롭지 못하다. 친척과 가문의 눈치를 봐야만 했다. 반면 족적 결집이 낮은 향리 후손은 친척 중 누군가가 독립운동을 하더라도 크게 구애받지 않아도 된다. 근대 이후 향리 후손은 동족의 결속과 공동체적 대응, 그로부터의 구속이 아니라 자유롭게 분산과 개별화라는 방식을 통해 근대를 맞이할 수 있었다.

세 번째, 경제력

오늘날에도 한 개인의 성공에 집안의 경제력이 크게 영향을 미친다. '흙수저'보다 '금수저'가 더 성공할 확률이 훨씬 높다. 만약 조선시대 향리가 큰 부를 가지고 있었다면, 그들의 후손도 훨씬 더 유리한 위치에서 근대를 맞이할 수 있다.

조선시대 안동 향리의 경제력을 살펴보자. 조선시대 안동 향리는 부내면 법상동과 율세동에 거주했다. 이 마을에 사는 권씨와 김씨는 향리로 보아도 무방하다. 이들의 토지 소유를 살펴보면 다음과 같다. 법상동에 사는 권씨, 김씨는 116명이다. 이들은 평균적으로 밭 3,742평, 논 3,283평, 집터 317평으로 7,342평을 소유했다.

〈표 9〉 향리의 토지소유 면적

(면적 단위: 평)

면적	동명	법상동	율세동
인원수		116	64
밭	전체	434,121	340,042
	평균	3,742	5,313
논	전체	380,791	322,990
	평균	3,283	5,047
집터	전체	36,744	18,005
	평균	317	281
평균합계		7,342	10,641

이제 안동의 유명 양반의 토지소유를 살펴보자. 하계동과 온혜동에 거주한 진성이씨는 퇴계 이황의 후손, 하회동의 풍산류씨는 류성룡의 후손, 천전동의 의성김씨는 김성일의 후손이다. 이들은 안

동을 넘어 조선을 대표하는 양반 가문이다. 진성이씨는 1인당 평균 13,826평을, 풍산류씨는 1인당 9,147평을, 의성김씨는 6,488평을 보유했다. 진성이씨가 평균 13,826을 소유해 가장 많은 토지를 소유했다. 이들에 비해 향리의 평균 토지 소유도 크게 뒤처지지 않았다.

<표 10> 안동 양반의 토지 소유

(면적 단위: 평)

면적		동명	하계, 온혜동 (진성이씨)	하회동 (풍산류씨)	천전동 (의성김씨)
인원수			117	214	150
밭		전체	949,487	971,427	465,218
		평균	8,115	4,539	3,101
논		전체	623,374	911,248	447,028
		평균	5,328	4,258	2,980
집터		전체	44,778	74,963	60,985
		평균	383	350	407
평균합계			13,826	9,147	6,488

일반적으로 30,000평 이상의 토지를 소유하고 있는 사람들을 대지주라 불렀다. 법상동과 율세동에 거주하는 권씨, 김씨 중 11명이 30,000평 이상을 소유했다. 안동에서 30,000만평 이상을 소유한 인물은 안동 전체에서 197명만이 존재했다.

다만 집터에서는 양반의 면적이 더 넓었다. 조선시대 가옥은 집의 격을 상징한다. 따라서 양반들의 가옥의 넓이가 상대적으로 넓었다고 생각된다. 또 읍치인 부내면에 비해 한적한 향촌에 거주한 양반들의 집터에 텃밭이나 마당이 포함되어 이런 차이를 나타낸다고 생각한다.

개항 이후 한반도에는 자본주의라는 완전히 새로운 경제 체제가 도입되었다. 조상이나 학문보다는 자본이 더 중요한 사회가 되었다. 향리 후손은 조선시대부터 축적한 부를 가지고 있었다. 앞서 살펴본 개항 후 두드러진 사회진출을 한 향리 후손의 사례 중 상당수는 유학 경험이 있었다. 1900년대 초중반 유학은 극소수의 부자만이 경험할 수 있다. 이들은 조선시대 이룩한 자산으로 남들보다 몇 발 앞서 근대를 맞이할 수 있었다.

◈　　나오는 말

　한국인은 국가가 자신의 삶에 큰 영향을 미친다고 생각한다. 내 삶이 힘든 것은 국가의 책임이며, 국가가 어지러워지면 내 삶도 크게 달라진다고 믿는다. 이런 믿음은 현대 한국이 겪은 굵직한 사건에서 생생히 드러난다. 2024년 12월 3일 비상계엄을 선포한 뒤 수많은 시민이 광장으로 모여들었다. 수백만 명의 시민이 추운 날씨에도 불구하고 연일 모여 국가 정상화를 요구했다. 이런 경험은 처음이 아니다. 불과 8년 전 2016년 박근혜 정부 때도 수백만의 시민이 광장에 모여 시위를 벌였다. 1997년 IMF 외환위기 때는 전 국민이 가지고 있던 금을 자발적으로 나라에 내놓기도 했다. 대한민국 국민이라면 생생히 기억할 사건들이다.
　이런 현상은 조선시대 경험과 밀접한 관련이 있다. 조선은 국가가 지방을 직접 지배했다. 국가의 명을 받은 수령이 향리의 도움을 받아 지방을 통치했다. 조선시대 백성은 일찍부터 국가의 통치를 받는 경험을 했다. 국가는 농사의 풍흉에 따라 세금을 줄여주기도 늘리기도 했다. 곡식이 떨어지는 보릿고개에 국가에서 나눠주는 환곡을 통해 생계를 유지했다. 양인 남성이라면 피할 수 없는 군역도 국가에 대한 의무였다. 이러한 일들은 대부분 향리를 통해 실행되었다. 향리는 백성이 조선이라는 국가를 경험하는 중요한 관문이었다. 조선시대 백성은 국가가 통치를 잘하면 내 생활을 윤택하게 하기도, 국가가 통치를 잘못하면 내 삶을 곤궁하게 하는 존재라는 것을 깨달았다. 이러한 경험은 국가가 위기에 처할 때 적극적으로 행동해 현대사의 굵직한 사건으로 이어졌다.

조선의 지방 통치는 동시기 주변국과 크게 달랐다. 중세 많은 국가에서 봉건제를 통해 지방을 통치했다. 중국의 천자, 유럽의 왕이 각각 제후와 영주를 임명하면 그들이 그 지역을 통치했고, 대를 이어 해당 지역을 담당했다. 일반 백성은 제후와 영주를 넘어 국가를 경험하기 쉽지 않은 환경이었다. 이웃 나라인 일본도 비슷했다. 에도시대 막부가 다이묘에게 지방의 통치를 위임했지만, 조선의 마을에 해당하는 무라(村)의 통치에는 거의 개입하지 않았다. 대신 막부와 다이묘는 촌장에게 행정 업무를 위임했다. 일본의 무라는 촌장의 주도로 마을 공동체에서 세금 납부, 처벌, 치안 등 전반적인 마을 운영을 자율적으로 운영했다. 가끔 마을 단위에서 극복하기 힘든 자연재해가 일어나 국가에 도움을 요청해도 '마을 자력으로 해결'이라는 답이 돌아왔다.[134] 즉 국가라는 존재를 거의 경험하지 못한 채 근대를 맞이했다. 이런 경험 때문에 오늘날까지 일본에서는 국가

단위의 시위가 거의 일어나지 않는다. 대한민국에서 2016년 촛불 집회와 같은 큰 집회가 열리면 일본에서 연일 한국의 상황을 신기하게 살펴본 이유가 여기 있다.

향리를 통해 살펴본 조선 사회의 경쟁과 계층 상승 욕도 오늘날 사회와 크게 다르지 않았다. 대한민국 사회는 경쟁이 매우 치열한 사회로 평가받는다. 남들보다 성공하려 하며, 더 높은 자리에 서고 싶어 한다. 인간이라면 누구나 가지고 있는 욕망이지만 한국은 그 강도가 상대적으로 세다. 전 세계에서 사랑하는 K-POP 산업에서 이런 특징을 쉽게 발견할 수 있다. K-POP 아이돌 그룹의 공연을 보면 나도 모르게 한국인으로서 자긍심이 든다. 대부분 10대 중후반 20대 초반의 어린 나이로 구성되지만 춤, 노래, 무대 매너까지 완벽하다. 전 세계에서 이들만큼 멋진 무대를 할 수 있는 그룹은 없다. 어떻게 이렇게 잘할 수 있을까? 감탄은 어느새 의문으로 바뀐다.

K-POP 아이돌 그룹이 어린 나이에도 완벽한 무대를 선보일 수 있는 것은 바로 한국 사회만의 경쟁과 계층 상승 욕구와 연결되어 있다. K-POP 아이돌 그룹으로 데뷔하기 위해 많은 연습생이 초등학생 때부터 회사에서 하루에 10시간 이상 연습을 한다. 수만 명의 아이돌 지망생이 이런 과정을 거쳐 겨우 수백 명이 데뷔하고, 수백 명 가운데 수십 명이 겨우 살아남는다. 이런 시스템이 한국에서는

크게 이상하게 느껴지지 않는다. 대신 살아남은 소수를 '노력'과 '성실'로 포장한다.

  우리가 이런 시스템을 크게 이상하게 여기지 않는 것은 한국 사회 곳곳에 이미 이런 경쟁이 만연하기 때문이다. 남들보다 앞서나가기 위해 경쟁은 아주 일찍부터 시작된다. 아이를 영어 유치원이나 사립 유치원에 입학시키고, 중고등학생에게는 인권 유린 수준의 공부를 강요한다. 전 세계에서 가장 오래 노동하는 곳도 당연히 한국이다. 한국의 강한 계층 상승 욕은 20세기 한국 사회 최고의 성과라 부를 수 있는 '한강의 기적'의 원동력이 되었다. 20세기 이후 한국은 짧은 기간에 국권 상실, 분단, 한국전쟁과 같은 크나큰 비극을 연달아 경험했다. 국민 대부분이 절대빈곤에 시달리는 상황이었고, 세계에서 가장 가난한 나라라는 오명도 갖게 되었다. 이런 열악한 상황 속에서 급속한 성장을 이룩할 수 있었던 이유 중 하나는 한국인의 성실성이었다. 한국인은 누구보다 더 열심히 일했고 공부했다. 그 결과 단기간에 전 세계 최빈국에서 OECD 가입국이 될 수 있었다. 그러나 시간이 지나며 한국 사회의 치열한 경쟁과 긴 노동시간은 높은 피로도를 유발했다. 결국 한국은 OECD 가입국 가운데 자살률이 가장 높고, 출산율도 가장 낮은 불행한 나라가 되었다.

  이러한 대한민국의 계층 상승 욕과 경쟁은 해방 이후 어느 시점에

갑자기 생겨난 것은 아닌 듯하다. 18세기 일본 최고의 조선 전문가였던 아메노모리 호슈(1668~1755)도 "조선에서는 천하의 사람들이 모두 경쟁하는 데 몰두한다. 이 나라에서는 아랫사람이 윗자리로 올라가는 일이 곧잘 벌어지기 때문에 자연히 사람들이 머리를 굴리는 일이 많고 뇌물도 행해져 아침에는 출세하고 저녁에는 망하니 조용할 날이 없다."라고 설명했다.[135] 물론 그의 말에 과장도 섞여 있겠지만 조선이 최소한 일본보다는 더 치열한 사회임은 분명해 보인다.

우리는 조선시대 향리를 통해 조선사회의 치열한 경쟁 사회의 한 단면을 엿볼 수 있었다. 조선시대 이러한 경쟁이 일어났던 이유는 아메노모리 호슈의 말대로 계층 상승의 가능성이 있었기 때문이다. 조선은 법적으로 양반을 규정해 두지 않았다. 실제 학계에서도 양반의 정의에 대해 긴 시간 논쟁했지만 여전히 합치된 의견이 없다. 양반의 명확한 규정이 없었기 때문에 많은 양인은 양반이 될 수 있다고 믿었고, 또 일부는 자신을 양반이라고 믿었다. 수강생 조상의 70%가 양반이라는 결과도 허황한 조사가 아닌 조선시대 양반의 특수함을 반영한 것이다. 지방에서 큰 권력을 행사했던 향리도 선발 규정은 없었다. 양인으로서 역을 수행하는 자는 누구나 향리가 될 수 있었다. 관료의 길도 열려있었다. 조선은 과거를 통해 관료를 선발했다. 노비를 제외하면 모든 양인 남자가 과거에 응시할 수 있었다. 양인이라면 국가 통치자가 될 가능성이 작지만 분명 있었다. 반면 일본의 최상층인 무사는 분한장分限帳이라는 명단에 이름이 올라와 있어야만 했고, 과거를 통해 관료를 뽑는 제도는 근대 이후에나 도입되었다. 아메노모리 호슈가 조선과 달리 "일본 사람들은 제각기 그 분수가 정해져 있으니 좋은 나라"라고 한 이유도 여기 있었다.

◈ 주석

1. 조선의 지방 통치와 향리의 업무

1 『세종실록』 세종 25년 5월 27일, "夫守令, 一邑之主."
2 『중종실록』 중종 14년 12월 2일, "原州牧使金壽卿, 無行而得罪於名敎者也, 豈可爲牧民之官?"
3 『남원부지도南原府地圖』 (奎10484).
4 『나주지도羅州地圖』 (奎10483).
5 『연조귀감掾曹龜鑑』, 「이직명목해吏職名目解」, "稱諸吏所居之廳曰作廳者謂事務都作之廳也."
6 『호남읍지湖南邑誌』, 「구례求禮」 (奎 12181), "戶長以公兄摠察民戶, 官奴婢出入臧否次知事. 吏房以公兄摠察邑事 人吏通引使令出入臧否次知事. 戶房戶口摠數及農桑堤堰次知事. 禮房總察祭衣學校 各進上次知事. 兵房各軍兵次知事. 刑房詞訟刑具罪囚次知事. 工房察飭工房公用紙地次知事."
7 『호남읍지湖南邑誌』, 「구례求禮」 (奎 12181), "承發各營門關甘分發次知事. 民庫色各樣公用次知事. 大同色大同錢木上納次知事. 都書員田畓結總及各樣米太出稅事. 田稅色稅米太上納次知事. 倉色還餉各穀次知事. 砲保色砲價布錢木上納次知事. 傳關色各營門公牒發送次知事. 束伍色束伍牙兵軍次知事."
8 『임실군사례정록任實郡事例定錄』 (奎12268).
9 『임실군사례정록』 (奎12268), 戶長所管, 境內戶錢收捧上納. 柴炬炭藁草等價依詳定, 首奴受出貿納. 官奴官婢校奴校婢. 吏房所管, 結稅錢上納及各房掌差役, 全管擧行, 而凡于邑務檢飭擧行. 人吏使令通引. 戶房所管, 雨澤農形

主管修報, 而田畓戶口兼管擧行. 禮房所管, 各公祭及賓客·通刺與災祥等, 主管擧行. 校任·齋任及各面訓長, 隨薦稟差, 而凡係 禮儀, 全管檢飭. 兵房所管, 各樣上納文簿及各驛屯土主管擧行, 凡屬軍丁等事, 全管檢飭. 刑房所管, 詞訟刑獄及大小禁斷, 主管擧行, 刑具錢三十兩, 從經費中鎖匠受出, 刑具貿用. 工房所管, 道路橋梁申飭修治而烏院葛潭雲岩三處監官差出擧行.

10 『묵재일기默齋日記』, 1546년 3월 2일, "公需戶長, 以城主令, 來遺白米六斗, 次米六斗等."

11 『묵재일기』, 1547년 1월 26일, "籬外人家有染時病者, 苦痛三日, 其妻亦走云, 可慮也, 詮白于城主前, 請圖移出, 則使上戶長來見, 曰當結幕使移云云."

12 『묵재일기』, 1546년 11월 20일, "戶長, 吏房等早來謁, 名日也."

13 『묵재일기』, 1551년 11월 15일, "戶長來示新二道十一日發于京, 卄二日上官之奇, 新令道明日上京云云."

14 『묵재일기』, 1545년 10월 3일, "戶長送官婢, 汲水以助之."

15 『묵재일기』, 1553년 10월 2일, "仁同員金蘭宗與黃耆老來見, 借酒肴于州餉我, 各行酒而罷, 蘭宗【字伯胤】申用灌外孫云, 以米, 太, 淸·濁酒, 西瓜,雞兒等物送而去, 二道欲偕仁同來見, 適牧伯令吏房, 戶長搜考官廳雜物, 故末果來云云."

16 『묵재일기』, 1558년 9월 26일, "普旀瓷匠率閑丁名實伊來置曰"八莒戶長侵捉立役云, 欲免官屬"云云, 使之姑留, 八莒監官му彭祖前簡喩敎戶長勿推之."

17 『묵재일기』, 1551년 5월 3일, "蒙孫來言"被差寺刹皮麥打作, 使受笞未差, 請送言吏房處"云. 適姜季同來過, 使往言之, 則改定云云."

18 『묵재일기』, 1552년 12월 22일, "李得莖送簡言"役軍差使病臥, 須圖改送別差"云云, 伻言吏房處, 改定出送, 又以新曆書一本送之."

19 『묵재일기』, 1553년 윤 3월 22일, "呂安見差其人除役云, 呈所志請改, 則他人改定云, 而頭吏, 吏房等防之云云."

20 『묵재일기』, 1553년 7월 3일, "李玉千來見, 敎呈狀于官, 官主行下内, 依願付軍云, 而吏房防之云云."

21 『묵재일기』, 1556년 2월 1일, "陰陽僧道信來見, 使留宿, 請水鐵匠朴末叱孫停定羅匠云云, 錄送北亭子翰林處, 轉告牧伯, 牧伯答云"人連臂于某處, 不可從"云云."

22 『묵재일기』, 1563년 8월 4일, "金吾乙未來遺文魚, 請敎吏房勿定其子于羅將云云, 不果從."

23 『묵재일기』, 1563년 10월 3일, "李敏楫書問, 梁雪京猶囚次知事, 使探吏房, 則已交沙將案, 還付匠案云云, 既喻此意."

24 『묵재일기』, 1547년 1월 4일, "州戶房持玉石所志來, 問紬價收盡與否, 令奴說送. 蓋玉石欲謀不給餘數, 而冒呈排毀也."

25 『묵재일기』, 1552년 6월 28일, "權子效送納贖木一匹于戶房."

26 『묵재일기』, 1552년 11월 9일, "金世紹紙太一匹, 劫成紙太二匹, 子公領納, 戶房出尺云."

27 『묵재일기』, 1554년 2월 5일, "金世紹氏送請賑文狀, 求入送牧官. 令其奴直傳戶房處."

28 『묵재일기』, 1546년 8월 13일, "官廳禮房李穉來問墓祭所入, 以四位言之."

29 『묵재일기』, 1563년 9월 27일, "牧伯中房來問王世子喪服事. 禮房都仁隨來示事目. 京外官素服烏帽, 角帶加生麻布帶, 七日而除, 停朝市五日, 斷音樂禁屠殺, 限一月云云."

30 『묵재일기』, 1557년 8월 28일, "金時遇來見, 言其子無役, 欲請付童蒙案云. 令問禮房更言之. 卽去."

31 『묵재일기』, 1547년 1월 16일, "加利縣喪人都世綏送生栗, 鳴鷄. 留栗而還鷄, 鷄多鬪故也. 有旅首望報事來請, 卽送言于兵房吏."

32 『묵재일기』, 1547년 1월 18일, "花園金世紹族丈來見, 來月京番促上, 欲爲病頉, 須言兵房云云. 即言之, 則可呈病所志云云. 對食之, 暮去."

33 『묵재일기』, 1559년 1월 28일, "權禮孫子來言"兵房謾徵稅木, 請白二道敎停"云云. 使書白活持來."

34 『묵재일기』, 1561년 4월 7일, "昨日, 李鶴禮來言"州揀種子馬, 吾馬無色, 兵房自爲而不退"云云. 令子公止之. 不聽. 不得已白于令道而停之."

35 『묵재일기』, 1562년 1월 19일, "守一來請白牧伯前改命長兵房刷僧軍云云. 无益故不報."

36 『묵재일기』, 1553년 윤 3월 15일, "安峯僧人來言"夜來軍人圍寺, 縛三寶性田及上佐而來"云. 使問刑房, 則宋師顯等十餘人十三日上寺, 造泡食之, 受辱於三寶, 呈狀于官, 故捉來云云. 即修簡于牧使, 請速決, 且陳無賴之徒作弊多盤之狀. 即答曰"方今僧徒蔑視儒生, 常憎此輩, 痛切骨髓"云云. 智一, 希尙等下來. 出見問之, 詳聞辱辭, 果然可憤矣. 智一入州, 見宋師顯等三人. 三人言曰"今日決放事, 承旨若通于官, 則等當不逆"云云. 更作簡, 請元狀人會時決放云云, 則無一言報答, 可愧也."

37 『묵재일기』, 1561년 4월 1일, "安峯僧人到場市來報"有人拒奪菊生, 蕢荏爲悶"云. 令必伊往解之使還給, 則其人盡散于地, 打僧不已. 欲捉入官廳, 白于官. 其人拔取必伊佩刀, 亂畫其胸殺我云云. 人集而止之. 艱奪其刀云云. 即令進告牧官, 則罷入不及云. 略書其事于狀, 俾子公報城主. 城主卽令刑房白秋, 領差二人, 往收之着枷囚獄云. 慮緩則或避之不得治, 故如是."

38 『묵재일기』, 1554년 5월 23일, "州人送示使道回送牧判官推考文, 死囚逃躱罪也. 令仁同金蘭宗次知獄吏, 刑房, 三公兄皆推考, 重囚不謹嚴罪也."

39 『묵재일기』, 1546년 9월 18일, "州工房送册紙三十貼, 必二衙之惠也."

40 『묵재일기』, 1551년 8월 16일, "性輪來納柴九馱, 是爲減貢物之報也云. 輸

來人饋酒送之, 僧則飯送. 輪又以山直, 檻穽干細木納于工房, 子公共往納之."

41 『묵재일기』, 1552년 12월 27일, "李得荃來見. 推神主櫝, 明器于工房而與之."

42 『묵재일기』, 1553년 1월 2일, "付紙于州工, 令造挽詞."

2. 조선시대 향리의 유래와 지위 변화

43 朴宗基, 「高麗時代 村落의 機能과 構造」(『震檀學報』 64, 1987), 李樹健, 「高麗時代〈邑司〉研究」(『國史館論叢』 3, 1989).

44 『성화안동권씨세보成化安東權氏世譜』, 「태사권공실기太師權公實紀」, "能炳機達權道."

45 『고려사高麗史』, 「지志」 권29, 전주銓注 기인其人.

46 『고려사』, 「지志」 권29, 전주銓注 사심관事審官.

47 허흥식, 『고려의 과거제도』, 일조각, 2005, 122쪽.

48 『세종실록』 세종 2년 9월 13일.

49 『세종실록』 세종 11년 12월 1일.

50 『세종실록』 세종 27년 7월 14일.

51 『안동향손록安東鄕孫錄』, 「안동향손사적安東鄕孫事蹟」.

52 『안동향손록』, 「서序」.

53 정사성, 「향약」, 『지헌선생문집芝軒先生文集』, "一, 庶孼在中國則無禁而我國則其分甚嚴雖許通洗濯必須四五世結昏淸族(鄕參顯閥)而後乃許參案. 一, 內外無咎而身有釁累者非大段(如亂倫敗常之事)則許參而付標(如離行損徒之類). 一, 亂倫敗常犯罪人之子孫非蓋愆(操行卓爾之類)洗濯(科名淸顯之類)代遠則不許. 一, 鄕吏連派者必四五世――結昏淸族然後許參直派(如三丁居館之類)洗濯後亦須四五世結昏淸族後乃許. 一, 元來兩班據今所見比之鄕吏則大相遼

絶然名雖兩班而貧賤之中或結昏於軍士百姓之家則或不無龘雜滓賤之弊此等人亦必四五世結昏清族而後乃許若衆所共知不犯此類者不在此限然亦必博采衆議以收可否. 一, 他官人來娶及本府人娶他官者非顯閥衆所共知者勿許(其中或以他官人已行鄕任爲準而他官鄕參不無可議者以此爲準亦似未安)."

54 『묵재일기』, 1545년 9월 28일, "早食于扶桑驛, 朝發之, 始入星州地." 1545년 10월 6일, "留寓傑厚音家."
55 『묵재일기』, 1545년 4월 2일, "移住南亭子下裵純家."
56 『묵재일기』, 1546년 5월 10일, "囑二衙以裵純爲官廳吏. 不從."
57 『묵재일기』, 1546년 12월 1일, "吾言'主人裵純須付任, 使生光', 則依圖云云. 夜乃去."
58 『묵재일기』, 1546년 12월 6일, "以裵純差任事, 請於二衙權差司倉吏作帖與之."
59 『묵재일기』, 1546년 6월 23일, "純子仁孫求請逃亡色書員. 簡通牧使前, 則當定云云."
60 『묵재일기』, 1546년 6월 24일, "牧使邀之, 入州着棊, 暮乃還.牧使曰仁孫所爲逃亡色, 致富之任云云."
61 『묵재일기』, 1553년 4월 30일, "仁孫求差選上色云. 告二道則當圖云云."
62 『묵재일기』, 1563년 7월 11일, "令道前喩徵干紙多濫事, 又請仁孫爲頭書員事, 則答曰"時任者無故.不可徑去, 去之則苟且."云云."
63 『묵재일기』, 1563년 7월 17일, "牧伯差仁孫爲頭書員云."
64 김성우, 『조선중기 국가와 사족』, 역사비평사, 2001, 143쪽.
65 『묵재일』, 1554년 10월 12일, "張繼顔來見, 言牧官令監報私儲穀, 故今看仁孫家云云. 仁孫隨來白活. 張答曰如汝所儲, 何敢計之云云, 乃罷去."
66 『묵재일기』, 1551년 6월 5일, 1552년 2월 23일.
67 『묵재일기』, 1547년 1월 7일, "留鄕所前請家主裵純勿定上京事, 則答以京在

68 『묵재일기』, 1551년 8월 17일, "仁孫來求書員減下."

69 손병규, 「조선 후기 재정구조와 지방재정운영재정 중앙집권화와의 관계」, 『조선시대사학보』 25, 조선시대사학회, 2003.

70 『목민심서牧民心書』, 「이전吏典」, "案國初, 法紀嚴肅, 吏術剛廉, 郡縣小吏, 不足以贍其八口, 故視爲苦役, 逃者相續, 至以捕亡者爲功, 立法如此, 其民生之安樂, 可知也, 今也鄕吏入仕者, 爭門碎頭, 如赴科宦."

71 『목민심서』, 「이전」, "余久在縣城之中, 見縣令黜陟, 專在吏手, 巡營邸吏, 與吏相應, 虛譽冤誣, 惟意所欲, 此由監司縱吏廉問, 信爲腹心故也, 曲在監司, 非牧之所能救也."

72 『목민심서』, 「이전」, "每見昏官, 必以首吏, 認爲腹心, 中夜密召, 以議庶務, 吏之所以媚悅其牧者, 不過田稅作奸, 倉糧翻弄, 以取其贏羨, 賣訟粥獄, 以吮其賄賂而已, 牧食其一, 吏竊其百."

73 『목민심서』「호전戶典」稅法, "徵稅之末. 縱吏與校. 搜括民家. 名之曰. 檢督. 檢督者. 下民之豺虎也."

74 『여유당전서與猶堂全書』, 「향리론鄕吏論」, "今守令久者四三年, 不然者朞年而已. 其在位也, 若逆旅之過客然. 而鄕吏於此, 無恩義相係屬, 故其權恒在於鄕吏, 而其傾陷欺負也輕. 由是言之, 其害毒所及, 又不特古之大夫而止耳. 以過客馭主人, 以不知馭知者, 其有能移其權者乎, 此鄕吏之所以恒操其權也."

3. 조선 후기 향리 직임을 두고 벌어진 치열한 경쟁

75 『문종실록』문종 1년 1월 3일, "上曰: "人言: '各官鄕吏, 其數猥多, 作弊民間', 信乎?" 李季甸對曰: "臣聞, 有鄕吏過多之邑, 亦有過少之邑, 以臣所知如

鴻山縣, 則鄕吏甚少, 以官奴之解文字者爲假鄕吏, 雖多少不同, 作弊則一也." 上曰: "鄕吏若有武才者, 則遣詣于京試才, 擇其尤者而擢用, 何如?" 對曰: "鄕吏免鄕之法至重, 不可輕議," 上曰: "唐 太宗, 以百騎彍弩, 橫行天下, 其後爲千騎, 材者少, 爲萬騎, 庸不能用焉, 軍士務要取其精銳, 若精選各官鄕吏, 可得百騎, 如此之輩, 進而用之, 何如?" 對曰: "鄕吏免鄕之法至重, 此事實難, 然有用之才, 則進而用之, 亦可但國家之法, 文, 武科出身者及嘉善外, 其餘三品以下子孫, 皆不得免鄕, 今若幷子孫免役, 則固不可也.""

76 『비변사등록』 정조 13년 4월 20일, "京司吏胥, 皆有數額, 而外邑, 則不用此例, 大邑多至屢百人, 中邑小不下百餘人, 憑依官勢, 大爲民害, 今 宜使外邑, 亦倣京司, 大邑七十人·中邑五十人·小邑 三十人, 以此爲限, 或犯罪科, 永削吏案, 降定軍役爲."

77 『함안총쇄록咸安叢瑣錄』, 1889년 4월 17일.

78 『함안총쇄록』, 1889년 4월 22일, "況所謂南北黨之論, 不知昉自何時, 而凡於鄕任吏棄, 各阿所好, 不問賢否, 偏私仇隙, 漸至膏肓, 爲知郡者, 往往隨風上下, 莫之如何, 畢竟狼狽踵相接也."

79 『함안총쇄록』, 1889년 4월 22일, "向於入營, 巡相以南黨谷 外洞李鍾儉, 山足朴谷趙佑, 安道垈洞李鍾成, 北堂內代山立寺趙胤秀, 安仁松汀趙性林, 釜峰李有桓六人姓名書示曰, 咸安所謂南北黨牌頭, 此其人也. 此若任置, 則官無以爲官, 到邑後, 嚴加懲戢, 永絶此等名色然後, 餘外事,亦當次第可論. 云云."

80 한국학문헌연구소, 『읍지3 경상도편』, 아세아문화사, 1982; 김동철, 「19세기 말 함안지방의 향전」, 『한국민족문화』 2, 부산대학교 한국민족문화연구소, 1889.

81 『함안총쇄록』, 1889년 5월 6일, "吏趙志胤·將郭千富·金泰方·具敏·李世郁等段, 俱是弊吏, 權等內時搆罪誣陷, 勒捧財產, 用李誤囑, 濁亂官政, 以至狀罷

之境, 揆以罪狀, 遠地定配, 猶爲歇矣, 而其中具敏邵·李世段, 周旋配贖優, 然在家, 所負公錢, 尙無辦納之心, 期欲徵民之計, 冤民之怨聲, 無處無之, 如此弊吏等, 少無忌憚事."

82 『함안총쇄록』, 1889년 5월 6일, "境內元無義賑之人, 而昨年七月日權等時弊吏三漢·校兩漢, 暗囑官家, 先抄一邑饒民, 執穀也·不和也·買沓也·潛商也·探金也·雜技也, 搆捏罪目, 發差囚上自二千七百兩而笞之杖之, 又加朱牢當場勒捧, 因此而逃亡者多矣, 移去者多矣, 蕩産流離者亦多, 而溺水致死者·在獄杖斃者, 亦有之, 世上天下, 豈有如許此邑之弊習乎. 自入境以後, 尋訪各洞到底詳探, 則民心別無善惡, 而權等時恨死之說·蕩敗之怨聲, 道路相續, 雖遠外行."

83 『승정원일기』 고종 25년 무자(1888) 12월 27일, "義禁府啓目粘連, 向前權東鎭亦, 稅剩租斂, 勒金勒錢, 竟歸私橐, 道啓指的, 律以常法, 焉逭重勘? 以此照律, 何如? 判付, 啓, 依允."

84 『함안총쇄록』, 1889년 4월 22일, 北岸不知南岸是, 南隣惟見北隣非. 和氣致祥乖致異, 天時人事一同歸, 昨奉營晤自訝, 今看那誌果堪唏. 如何近百年間事, 坐得周一二稀. 多少案中前太守, 其人未必盡才微. 只怪鬼交相軋, 竟使祥鸞失所依漏船補優先, 初到姑無審事機京衙缸笧今糟粕, 武城絃歌敢庶幾. 藥石梁肉殊所遇, 摘發鋤治或違來時我已知名姓, 城南幾日肥.

85 『함안총쇄록』, 1889년 4월 22일, "汝邑吏房趙英桓, 巧値上使于中鎭營, 未知其緣何事端, 而會聞今番新延吏房, 以鄕薦差出云, 果然耶? 且中路店次, 有人呼訴, 略知上使事矣, 余乃曉諭退送, 突入屢懇官, 亦非不知捉送之慨, 而不卽中止者, 寔出於存事面, 而不顧道理, 一直觸冒功功愚頑, 幷 爲從實直告." 公曰, "本邑素有南北黨, 携貳圭角, 漸成痼疾中, 今巡使道到任之初, 鄕人以吏房鄕薦事, 呈議送至, 蒙立規永施之題敎, 因此而今於文遞之際, 北黨趙胤秀等, 若爾人, 憑藉營題, 薦出趙英桓, 然此出於一二人阿私之好, 實非一鄕通

同之公也. 故一邑大小民人, 囂然相語云, '英桓會經此任, 多興害民之事, 此盖已試之蠹也. 旣以鄕薦則不可, 以趙胤秀一人, 任其擅便.' 於是, 皆屬望於趙其澤, 起而爭之, 多日相持, 互呈稟目, 自官悶其紛亂無寧, 以先登薦望者, 差出矣. 至於渠子之中路, 白活寔出愚蠢, 下情惶恐, 不知攸達." 余曰, "趙胤秀以徵斂錢事, 因營甘業已獄囚云, 而何以爲薦望也." 對曰, "在囚月餘, 身病屢發, 告狀保囚, 適當在外, 故似是鄕參矣" 余曰, "在囚罪人, 晏然參會, 如同平人排斥衆人之公論, 欲售肥已之私慾, 遐鄕民習, 雖曰愚頑, 以若營囚, 鄕會參席, 可想其跋扈之奸鄕, 無法無憚, 孰甚於此乎? 以此推之, 薦望之不公, 亦可知也." 由吏不可無之, 以趙啟邦, 差挾吏房, 使之擧行."

86 『일성록日省錄』 철종 8년 12월 21일.
87 『일성록』 철종 9년 3월 21일.
88 『함안총쇄록』, 1889년 4월 24일, "民曰, "民等旣以趙英桓薦差, 而噫彼李鍾儉. 趙宇植.李鍾成, 稱以南黨, 不念鄕規, 扶同其澤, 呈營圖差, 故敢此齊顧, 欲使洞燭矣."余曰, "旣云南黨則, 又有他黨之稱號乎?" 民未及對, 先入訟民中一人, 挺身而言曰, "趙其澤, 卽一鄕共同之願差者也, 彼趙胤秀, 若爾人, 稱以北黨, 阿其所好, 不顧公議, 已極可痛, 又何以南黨之稱, 發口於城主前乎?" 余曰, "會於棠下, 以南北黨事, 有所承聞, 第欲捉致查問矣. 汝輩, 自來明下諸民, 一時觀證, 可謂自作孽, 不可活也, 汝輩旣云, 北黨則趙胤秀, 亦在衆中耶?" 民曰, "方在保囚中." 余曰, "先入訟民中挺出者, 莫非南黨乎?" 曰, "城主目民以南黨, 則民等誠抑鬱." 是時, 先入訟民五十餘名, 一齊進前曰, "民等本以設邑後, 此邑之民, 姓雖不同, 誼同親戚, 豈有朋黨之別乎? 噫! 趙胤秀, 性本悍惡, 乖戾貪虐, 若有不從己者, 必構誣驅入於坑塹之中, 故人輒畏之, 便成技倆, 以此之故, 邑之浮浪者, 皆追隨於胤秀之後, 而居在北面故一邑之人, 稱曰, '北黨', 民等之南黨云者, 卽彼輩指斥之號也." 余曰, "汝輩之言, 雖或近理, 各立黨議,

請以吏鄕薦, 五六朔逗遛邑下, 濫費酒食, 互相傾軋, 連肚綢繆, 以致鬧鬧, 末流之弊, 竟歸殘民, 此等弊習, 期圖止戩乃已, 汝輩當次第嚴刑, 使知汝邑, 亦有官長矣." 趙胤秀捉待事, 及先入訟民, 則必是南黨, 亦當次第懲治矣. 一一錄名, 無一人走漏事, 分付. 先以狀頭三人擧行, 嚴飭杖卒, 各捧, 以別刑杖, 箇箇考察至訊杖五度, 似是歇杖, 余大叱曰, "嚴飭之下, 豈敢如是, 汝輩之擧行, 尤極痛歎" 乃捉入杖卒, 書其罪曰, "薄枯木, 迎風先碎, 徒費一吏之唱聲, 罪犯罔赦, 各大棍七度." 後使之更爲擧行, 準杖三十度後, 又捉挺出者, 擧行. 余曰, "汝必南黨之魁首也, 如斯之際, 趙胤秀捉入見, 是七十老物. 余曰, 汝以聞祖之後, 老成之人, 擅執鄕權, 馴致邑弊, 卽乃家之孫, 此邑之弊民, 汝須少嘗刑法也." 因卽擧行.

89 『함안총쇄록』, 1889년 4월 30일, "頭民等曰,"本洞之獄事不幸, 幸明府嚴明, 昨日將差之來, 一洞晏然."

4. 향리라는 이름을 잃어버린 향리 후손의 삶

90 김현영, 「조선 후기 한 營吏의 일생 -李德龜(1701~1774)의 石泉遺稿를 중심으로」, 『사학연구』 82, 한국사학회, 2006, 166쪽. "監營營吏, 例以鄕吏子枝, 先擇門地, 次取文筆, 先生抄薦."

91 『승부리안陞付吏案』, 「절목節目」(奎 古 920.051-Se81a), "本府陞付吏金光秀等二十餘人, 以其矣等無拘於父子兄弟相避之嫌, 而寃漏元案 (중략) 權克祥等四十餘人, 以其矣等, 多年應役一朝見落, 非但一身廢棄, 永塞子孫前程是如 (중략) 第以定額後言之, 數年之間, 元額有闕絶無而僅有, 陞案添錄月加而歲增, 所謂陞付案見錄者渠之一生未付元案, 而皆將有老除於陞案中之慮哛不喩 (중략) 惟願其依前施行, 使不失鄕吏之名". (중략) "本府鄕吏以金權兩

太師後裔, 世襲簪裘, 厥數自多而年前定額時, 自營門以一百三十定數, 故一從年齒, 付之元案, 其餘段, 幷付之陞付案, 以爲元案有闕, 代次次陞案之階."

92 『임술록壬戌錄』, 「鍾山集抄」, "營吏, 卽安東權生員·金生員也, 居家則方冠闊袖, 對案讀書, 入番則始着淡紅直領, 而年少座卑者, 不敢着皮鞋, 六房濟濟, 主張一營之事."

93 『목민심서』 4, 「吏典」, 束吏. "於時, 私自說法, 或父子不許同仕, 或兄弟不許三人."

94 『토지조사부土地調査簿』는 안동시청에 보관되어 있으며 한국학자료센터의 사업으로 데이터베이스 작업을 마친 상태이다.

95 이훈상, 「慶北地方鄕吏關係古文書資料集成」 I -『安東鄕孫事蹟通錄』의 刊行者 權永翕 家門과 그들의 文書-」, 『考古歷史學志』 3, 동아대학교 박물관, 1987.

96 안동민속박물관, 『안동의 지명유래』, 안동민속박물관, 2002.

97 박현순, 「19세기 문과에 대한 고찰」, 『조선 후기의 과거』, 소명출판, 2014.

98 『승정원일기承政院日記』, 고종 9년 4월 30일, "各司吏胥, 聚會點考, 以防冒入借書之弊, 則吏胥之不得赴擧, 自是典式也, 夫以吏胥而不許冒入, 則京鄕宜無異同, 而名在吏案, 肆然赴試, 身通朝籍, 厭然供仕者, 豈非猥濫無嚴之甚乎? 已往固不必追究, 從此以後, 各道吏屬之現帶役名者, 毋敢赴擧事, 申明著式, 以定防限, 以嚴紀綱, 何如."

99 한국역대인물종합정보 〈http://people.aks.ac.kr〉.

100 이훈상, 「19세기 향리 지식인 이명구의 지적 여정과 지방 吏胥들에 대한 미완의 역사 프로젝트 "연조귀감속편"」, 『진단학보』 132, 진단학회, 2019.

101 이수환, 「조선 향촌사회 속의 생원·진사」, 『한국사 시민강좌』 46, 한글학회, 2010.

102 한국국학진흥원, 『국역 조선시대 서원일기-한국국학진흥원 소장자료를 중심으로-』, 성심, 2007.

103 『봉강영당 창건일기』, 1805년 1월 3일, "花山進士權龍稱權永翕權心度曁其門內昌稷昌模昌始等十數人, 會于九潭之感顧堂, 以花原君影堂營建事收議."

104 『봉강영당 창건일기』, 1805년 1월 3일, "蹟其平生實行, 皆從忠孝上做去, 而其晩年所自養, 尤是賢師友濡染體認之驗也, 且嶺南素稱義理之鄕, 而不倖戊申之變, 有一魚渾川之羞, 時惟花原起於安東, 竭誠討賊, 發明嶺南之忠義, 噫崑山之炎玉石誰分, 若非花原, 吾嶺人罹鴻之禍其可量乎."

105 『영조실록』 영조 13년 3월 3일. "嶺是士夫之冀北, 而惟右道挽近以來, 風習盜渝, 重以麟, 亮輩出, 故鄒, 魯之鄕, 反以蜀人待之."

106 이훈상, 「조선 후기 경상도 監營의 營房과 安東의 향리사회」, 『대동문화연구』 55, 2006, 413-414쪽.

107 『안동향손사적통록安東鄕孫事蹟通錄』, 장서각 청구번호 (K2-436).

108 『안동향손사적통록』, 서발문의 작성에 참여한 인물에 대해서는 이훈상, 『조선 후기의 향리』, 일조각, 1990을 참고해 작성했다.

109 정만조, 「영조 14년의 안동 金尙憲書院 建立是非」, 『한국학연구』 1, 동덕여자대학 한국학연구소, 1982.; 정진영, 「18세기 서원건립을 둘러싼 향촌사회의 갈등관계 -영조14년(1738) 안동 김상헌서원 건립문제를 중심으로-」, 『조선시대사학보』 72, 조선시대사학회, 2015 ; 정진영, 「18세기 영남 노론의 존재형태 -영조 14년(1738) 안동 김상헌서원 건립과 훼파를 통해본 '새로운 세력'에 대한 검토」, 『韓國史硏究』 171, 한국사연구회, 2015.

110 지금까지 살펴 본 『安東鄕孫事蹟通錄』의 서·발문 작성자의 참여 동기는 이훈상, 1990, 앞의 책을 참고해 작성했다.

111 미야지마 히로시, 『미야지마 히로시의 양반』, 너머북스, 2014.

112 『양양기구록襄陽耆舊錄』, (奎 古4653-13).

113 이수건, 『영남사림파의 형성』, 영남대 민족문화연구소, 1979; 정진영, 「조선 전기 안동부 재지사족의 향촌지배」, 『조선시대 향촌사회사』, 한길사, 1998.

114 정진영, 「조선 후기 향촌 양반사회의 지속성과 변화상(2) -안동 향안의 입록인물 검토-」, 『대동문화연구』 38, 성균관대학교 대동문화연구원, 2001, 261쪽.

115 이훈상, 1990, 앞의 책, 117-118쪽.

116 이훈상, 「慶北地方鄕吏關係古文書資料集成Ⅰ-『安東鄕孫事蹟通錄』의 刊行者 權永翕 家門과 그들의 文書-」, 『考古歷史學志』 3, 동아대학교 박물관, 1987.

117 윤명두, 「朝鮮後期에 있어서 兩班層의 鄕吏職 수행의 事例硏究 : 곤양면 慶州崔氏 古文書에 기초해서」, 경상대학교 석사학위논문, 2005.

118 최승희, 「朝鮮後期 鄕吏身分移動與否考 2 -草溪卞氏 鄕吏家門 古文書에 의한 事例硏究」 『韓國文化』 4, 서울대학교 규장각한국학연구원, 1983.

5. 개항과 향리 후손의 대응

119 이훈상, 『조선 후기의 향리』, 일조각, 1998, 1쪽; 이훈상, 「조선 후기의 향리와 근대 이후 이들의 진출」, 『역사학보』, 역사학회, 1994; 이훈상, 「논평, 근대이후 향리집단의 사회진출과 지역의식」, 『한국 근대이행기 중인연구』, 연세대 국학연구원편, 서신원, 1999; 홍성찬, 「일제하 동복 대지주의 존재형태-오건기가의 동고농장 경영사례」, 『한국근대농촌사회의 변동과 지주층-20세기 전반기 전남 화순군 동복면 일대의 사례』, 지식산업사, 1992; 홍성찬, 「한말·일제하의 사회변동과 향리층-전남 곡성의 사례를 중심으로」,

『한국근대이행기 중인연구』, 서신원, 1999.

120 『해학유서海鶴遺書』, 「향교득실鄕校得失」, "吾知諸公有子者, 又必曰班家道令主(國俗常民呼士族家子弟未成人曰道令主), 豈可與將吏子侄同學乎, 而不肯送之入校矣, 不出十數年, 彼將吏子侄, 則皆得卒業, 就仕塗爲郡主事·爲地方委員·爲郡守·爲裁判所書記·判事·檢事及觀察使, 而所爲道令主, 則終未免衆人之列, 俯伏聽令, 于斯時也雖欲悔之, 亦無及矣, 今爲諸公計, 莫若遣其童幼, 齊入學校, 如以爲難, 則莫若糾合鄕里, 別設學校, 只此二事而已, 又何遲疑之有哉, 語曰不恥不若, 人何若人之有, 幸諸公更加深念, 無致再悔焉."

121 稻葉岩吉, 「朝鮮社會史の斷面(下)」, 『東亞經濟硏究』, 1925.

122 Gregory Henderson, 『Korea: The politics of vortex』, Cambridge: Harvard University Press 1968.

123 지금까지 살펴본 사례는 이훈상, 「지역사회 조사 연구에서 지역 문화 조사 연구로 그리고 지역 문화유산 만들기 -지역 조사 연구에 대한 자전적 역사 민족지-」, 전남대학교 호남학연구원 HK+2감성인문학연구단 발표문, 2022에서 인용함.

124 홍성찬, 「한말·일제하의 사회변동과 향리층-전남 곡성의 사례를 중심으로」, 『한국근대이행기 중인연구』, 신서원, 1999.

125 홍성찬, 1999, 앞의 책.

126 이훈상, 「조선 후기의 향리와 근대 이후 이들의 진출」, 『역사학보』, 1994.

127 김건태, 「민고 계 그리고 왕토사상」, 『대동문화연구』 121, 성균관대학교 대동문화연구원, 2023.

128 『승정원일기』 철종 12년 11월 26일.

129 『영영연방선생안嶺營掾房先生案』, 장서각 청구번호 (B9D-6).

130 이수건, 『朝鮮時代 地方行政史』, 민음사, 1989, 135쪽.

131 『分封記』는 안동의 고 김을동이 소장한 고문서 자료로 19세기 후반의 것으로 이훈상 교수 개인 소장 자료이다. 이훈상, 「19세기 후반 향리 출신 노년 연령집단과 읍치의 제의 그리고 포퓰러 문화의 확산」, 『민속학연구』 27, 안동대학교 민속학연구소, 2010.

132 경상북도 교육위원회, 『경상북도지명유래총람』, 경상북도 교육위원회, 1984; 안동민속박물관, 『안동의지명유래』, 안동민속박물관, 2002.

133 정성학, 「조선 후기 안동 상층 鄕吏의 鄕職繼承과 존재양상」, 『한국사론』 60, 서울대학교 국사학과, 2014, 332쪽.

나오는 말

134 水本邦彦, 『村 百姓たちの近世』, 岩波新書, 2015.

135 아메노모리 호슈, 『한 경계인의 고독과 중얼거림』, 김시덕 옮김, 태학사, 2012, 68쪽.

◈ 참고문헌

1. 자료

『고려사』.
『비변사등록』.
『승정원일기』.
『일성록』.
『조선왕조실록』.
『나주지도』.
『남원부지도』.
『목민심서』.
『묵재일기』.
『봉강영당 창건일기』.
『분봉기』.
『성화안동권씨세보』.
『승부리안』.
『안동향손록』.
『양양기구록』.
『여유당전서』.
『연조귀감』.
『영영연방선생안』.
『임술록』.

『임실군사례정록』.
『토지조사부』.
『함안총쇄록』.
『해학유서』.
『호남읍지』.

2. 단행본

경상북도 교육위원회, 『경상북도지명유래총람』, 경상북도 교육위원회, 1984.
김성우, 『조선중기 국가와 사족』, 역사비평사, 2001.
미야지마 히로시, 『미야지마 히로시의 양반』, 너머북스, 2014.
아메노모리 호슈, 『한 경계인의 고독과 중얼거림』, 김시덕 옮김, 태학사, 2012.
안동민속박물관, 『안동의 지명유래』, 안동민속박물관, 2002.
연세대 국학연구원, 『한국 근대이행기 중인연구』, 신서원, 1999.
박현순, 「19세기 문과에 대한 고찰」, 『조선 후기의 과거』, 소명출판, 2014.
이수건, 『영남사림파의 형성』, 영남대학교 민족문화연구소, 1979.
_____, 『朝鮮時代 地方行政史』, 민음사, 1989.
이훈상, 『조선 후기의 향리』, 일조각, 1990.
정진영, 『조선시대 향촌사회사』, 한길사, 1998.
허흥식, 『고려의 과거제도』, 일조각, 2005.
홍성찬, 「한말·일제하의 사회변동과 향리층-전남 곡성의 사례를 중심으로」, 『한국근대이행기 중인연구』, 신서원, 1999.
한국학문헌연구소, 『읍지3 경상도편』, 아세아문화사, 1982.
한국국학진흥원, 『국역 조선시대 서원일기-한국국학진흥원 소장자료를 중심으로-』, 성심, 2007.
홍성찬, 『한국근대농촌사회의 변동과 지주층-20세기 전반기 전남 화순군 동복면 일대의 사례』, 지식산업사, 1992.

3. 논문

김건태, 「민고 계 그리고 왕토사상」, 『대동문화연구』 121, 성균관대학교 대동문화연구원, 2023.

김동철, 「19세기 말 함안지방의 향전」, 『한국민족문화』 2(2), 부산대학교 한국민족문화연구소, 1889.

김현영, 「조선 후기 한 營吏의 일생 -李德龜(1701~1774)의 石泉遺稿를 중심으로」, 『사학연구』 82, 한국사학회, 2006.

손병규, 「조선 후기 재정구조와 지방재정운영재정 중앙집권화와의 관계」, 『조선시대사학보』 25, 조선시대사학회, 2003.

윤명두, 「朝鮮後期에 있어서 兩班層의 鄕吏職 수행의 事例研究 : 곤양면 慶州崔氏 古文書에 기초해서」, 경상대학교 석사학위논문, 2005.

이수환, 「조선 향촌사회 속의 생원·진사」, 『한국사시민강좌』 46, 한글학회, 2010.

이훈상, 「『慶北地方鄕吏關係古文書資料集成』Ⅰ-『安東鄕孫事蹟通錄』의 刊行者 權永翕 家門과 그들의 文書-」, 『考古歷史學志』 3, 동아대학교 박물관, 1987.

_____, 「조선 후기의 향리와 근대 이후 이들의 진출」, 『역사학보』, 역사학회, 1994.

_____, 「조선 후기 경상도 監營의 營房과 安東의 향리사회」, 『대동문화연구』 55, 성균관대학교 대동문화연구원, 2006.

_____, 「19세기 후반 향리 출신 노년 연령집단과 읍치의 제의 그리고 포퓰러

문화의 확산」, 『민속학연구』 27, 안동대학교 민속학연구소, 2010.
이훈상, 「19세기 향리 지식인 이명구의 지적 여정과 지방 吏胥들에 대한 미완의 역사 프로젝트 "연조귀감속편"」, 『진단학보』 132, 진단학회, 2019.
_____, 「지역사회 조사 연구에서 지역 문화 조사 연구로 그리고 지역 문화유산 만들기 -지역 조사 연구에 대한 자전적 역사 민족지-」, 전남대학교 호남학연구원 HK+2감성인문학연구단 발표문, 2022.
정만조, 「영조 14년의 안동 金尙憲書院 建立是非」, 『한국학연구』 1, 동덕여자대학 한국학연구소, 1982.
정성학, 「조선 후기 향촌 양반사회의 지속성과 변화상(2) -안동 향안의 입록인물 검토-」, 『대동문화연구』 38, 성균관대학교 대동문화연구원, 2001.
_____, 「조선 후기 안동 상층 鄕吏의 鄕職繼承과 존재양상」, 『한국사론』 60, 서울대학교 국사학과, 2014.
_____, 「18세기 서원건립을 둘러싼 향촌사회의 갈등관계 -영조14년(1738) 안동 김상헌서원 건립문제를 중심으로-」, 『조선시대사학보』 72, 조선시대사학회, 2015.
정진영, 「18세기 영남 노론의 존재형태 - 영조 14년(1738) 안동 김상헌서원 건립과 훼파를 통해본 '새로운 세력'에 대한 검토」, 『韓國史硏究』 171, 한국사연구회, 2015.
최승희, 「朝鮮後期 鄕吏身分移動與否考 2 -草溪卞氏 鄕吏家門 古文書에 의한 事例硏究」, 『韓國文化』 4, 서울대학교 규장각한국학연구원, 1983.

Gregory Henderson, 『Korea: The politics of vortex』, Cambridge: Harvard University Press, 1968.
稻葉岩吉, 「朝鮮社會史の斷面(下)」, 『東亞經濟硏究』, 1925.
水本邦彦, 『村 百姓たちの近世』, 岩波新書, 2015.